500

PROVERBS

REFRANES

PRZYSŁÓW

DONLA UÍ BHRAONÁIN
Eagarthóir

FINTAN TAITE
Léaráidí

ANNA PALUCH

Aistriúcháin go Polainnis

CARMEN RODRIGUEZ ALONSO

Aistriúcháin go Spáinnis

Tá Cois Life buíoch d'Fhoras na Gaeilge agus den
Chomhairle Ealaíon as tacaíocht airgeadais a chur ar fáil.

An chéad chló 2007 © Donla uí Bhraonáin

An tríú cló 2010

ISBN 978-1-901176-75-9

Léaráidí: Fintan Taite

Clúdach agus dearadh: Alan Keogh

Clódóirí: Brunswick Press

www.coislife.ie

CLÁR

RÉAMHRÁ

Séard atá sa leabhar seo bailiúchán beag de 500 seanfhocal atá coitianta go leor sa Ghaeilge agus leaganacha díobh, nó aistriúchán mura bhfuil comhleagan ar fáil, go Béarla, Polainnis agus Spáinnis. Roghnaíodh na seanfhocail Ghaeilge as foinsí éagsúla, go háirithe as *Seanfhocla Chonnacht* le Tomás S. Ó Máille a foilsíodh i 1948.

Tá go leor de na seanfhocail seo ar eolas againn go léir. Chuala muid ag ár muintir iad nó d'fhoghlaim muid ar scoil iad nó léigh muid ar dhialanna, ar fhéilirí nó ar phacaí siúcra i mbialanna iad. Sin ceann de na gnéithe is suntasaí de na seanfhocail. De bharr na deisbhéalaí a bhaineann leo, fanann siad inár n-intinn agus bíonn fonn orainn iad a úsáid arís is arís eile ach an fhaill a bheith ann chuige sin. Tá gontacht agus soiléire le chéile in abairtí ar nós 'Is beag an rud is buaine ná an duine' nó 'Is mó a thaibhse ná a thairbhe.' Deirtear an ceann deiridh sin ar a mhalairt de chaoi freisin uaireanta 'Is mó a thairbhe ná a thaibhse' agus is fíor sin faoi roinnt mhaith seanfhocal. Is féidir iad a chur in oiriúint don ócáid de réir mar a theastaíonn sin.

Foilsíodh iliomad leabhar seanfhocal, i nGaeilge agus i mBéarla, nó sa dá theanga, le roinnt de bhlianta anuas agus tá roinnt áirithe foilsithe ar dhlúthdhiosca agus ar an Idirlíon. Tá iarracht á déanamh anseo an bailiúchán beag atá roghnaithe againn a shuí i gcomhthéacs níos idirnáisiúnta. De bharr an bhorradh a tharla ar chúrsaí eacnamaíochta sa tír seo le blianta beaga anuas agus na hinimirce ó thíortha éagsúla a lean é, tá pobail nua Éireannacha anois ag teacht i dteagmháil le Gaeilge den chéad uair. Polannach is ea Anna Paluch agus Gailíseach is ea Carmen Rodriguez

Alonso. Tá Gaeilge ar a dtoil acu araon agus ba léir dóibh go raibh go leor den fhealsúnacht chéanna sna seanfhocail ina dtíortha féin agus atá sna seanfhocail Ghaeilge. Roghnaíodh na seanfhocail áirithe atá sa leabhar seo mar, cé go bhfuil ársacht ag baint leo agus gur gineadh iad i saol a bhí an-éagsúil ó shaol an lae inniu, i gcúlra tuaithe agus bochtanais, cuid mhaith, go bhfuil an chomhairle, an tsaíocht agus an greann atá iontu ábhartha fós i saol an lae inniu. Tugann líníochtaí Fintan Taite léargas suaithinseach ar an ngreann agus ar an daonnacht atá iontu.

Donla uí Bhraonáin, *Lá Bealtaine 2007*

INTRODUCTION

This book is a small collection of 500 proverbs which are quite well-known in Irish, with equivalents, or translations if no equivalents exist, into English, Polish and Spanish. The Irish proverbs were selected from various sources, particularly from Seanfhocla Chonnacht *by Tomás S. Ó Máille, published in 1948. We all know some of these proverbs. Not many Irish children would have left school without having learned 'Níl aon tinteán mar do thinteán féin' or 'Aithníonn ciaróg ciaróg eile'. Others they might have read on calendars or diaries or seen on packets of sugar in restaurants. One of the special qualities of proverbs is how they stay in our mind ready to be used again and again, when the occasion arises.*

Many books of proverbs, in Irish and in English, or in both languages, have been published in recent years. Some are available on CD or on the Internet. In this small collection, we are setting the proverbs in a more international context. Due to the economic expansion in Ireland in recent years and the immigration which followed, there are new Irish communities now coming into contact with Irish for the first time. Anna Paluch from Poland and Carmen Rodriguez Alonso from Galicia both speak Irish fluently. It was clear to them that much of the same philosophy underlies proverbs in Irish and in their own languages. The particular proverbs in this book were selected because, although they were generated in a way of life that was completely different from life today, in a rural culture and often against a background of poverty, their counsel, their wisdom and their humour is still relevant to life today. Fintan Taite's drawings give an added insight into their wit and humanity.

Donla uí Bhraonáin, *1 May 2007*

Przedmowa

Poniższa książka to zbiór pięciuset popularnych irlandzkich przysłów oraz ich odpowiedników i – zwłaszcza w przypadku braku takich – tłumaczenia – w języku angielskim, polskim i hiszpańskim. Przysłowia w języku irlandzkim pochodzą z różnych źródeł, choć zostały zaczerpnięte głównie z Seanfhocla Chonnacht ('Przysłowia Connachtu') Tomása S. Ó Máille (1948). W opracowaniu tłumaczenia wykorzystana została m.in. Nowa księga przysłów i wyrażeń przysłowiowych polskich, red. J. Krzyżanowski i in., PAN, Warszawa 1969 – 1972.

Wiele z tych powiedzeń wszyscy doskonale znamy. Usłyszeliśmy je od naszych rodziców bądź nauczyliśmy się ich w szkole, wyczytaliśmy je w pamiętnikach, w kalendarzach lub na torebkach cukru w kawiarniach. Są to przysłowia najbardziej powszechne i występujące w wielu językach. Ich ironiczna dosadność sprawia, że utkwiły w naszej pamięci i zwykliśmy ich używać od czasu do czasu, kiedy tylko mamy ku temu powód. Niektóre z nich to gry słów, stosowane, zależnie od sytuacji i potrzeby, w różnym porządku – jak choćby 'Is mó a thaibhse ná a thairbhe' ('Jego wygląd przewyższa jego wartość') i 'Is mó a thairbhe ná a thaibhse' ('Jego wartość jest większa, niż na to wygląda'). Inne, choć popularne i – jak w przypadku triad – charakterystyczne dla kultury gaelickiej – dla czytelnika 'z zewnątrz' mogą być niejasne. W polskim przekładzie pojawiły się miejscami dodatkowe wyjaśnienia, pozostawiono jednak też miejsce do ich swobodnej interpretacji.

W ciągu minionych lat ukazały się przeróżne zbiory przysłów, po irlandzku i angielsku bądź w obu językach; część z nich została wydana w formie płyt CD bądź w Internecie. Poniższa, niewielka kompilacja jest próbą umieszczenia ich na bardziej zróżnicowanym narodowo tle. W związku z rozwojem, który od kilku lat rozpędza naszą gospodarkę i – w konsekwencji – napływem emigrantów z różnych krajów, część nowego społeczeństwa irlandzkiego po raz pierwszy styka się z językiem gaelickim. W polskim i hiszpańskim przekładzie Anna Paluch i Carmen Rodriguez Alonso pokazują, że mimo to można, właśnie w przysłowiach, doszukać się tej samej filozofii, jaką posiadają ich ojczyste powiedzenia.

Wybrane w tej książce przysłowia, choć są wiekowe i wyszły ze świata tak odmiennego od dzisiejszego – naznaczonego biedą wiejskiego środowiska – przeważnie zawierają w sobie rady, mądrość i humor, które czynią je aktualnymi także dzisiaj. Szkice Fintana Taite podkreślają ten dowcip i uniwersalny przekaz w szczególny sposób.

Prólogo

Este libro consiste en una pequeña colección de 500 refranes que son bastante comunes en gaélico con versiones, o traducciones si no hay equivalente, al inglés, polaco y español. Los refranes gaélicos han sido seleccionados de fuentes diferentes, en particular de los **Refranes de Connaught** de Tomás S. Ó Máille, publicados en 1948. Todos conocemos muchos de estos refranes. Los hemos escuchado en nuestra familia, los hemos aprendido en la escuela o los hemos visto en calendarios o en los sobrecillos de azúcar de los restaurantes. Esta es una de las características más destacadas de los refranes. A causa del ingenio que contienen, permanecen en nuestra mente y nos apetece usarlos una y otra vez cuando se presenta la oportunidad. La concisión y la claridad van unidas en frases tales como "Pocas cosas hay más permanentes que el hombre" o "Su aspecto es mejor que su valor". A veces también se dice este último refrán al revés "Su valor es mejor que su aspecto" y esto es válido para buena cantidad de refranes. Se pueden adaptar a la ocasión según sea necesario.

Se han publicado gran cantidad de libros de refranes en gaélico irlandés e inglés, o en las dos lenguas, en los últimos años y algunos se han publicado en discos compactos o en Internet. Esta pequeña colección que hemos elegido pretende enmarcarse en un contexto más internacional. A causa de la expansión económica que ha tenido lugar en este país en los años recientes y los inmigrantes de diferentes países que la han seguido, ahora hay unas comunidades irlandesas nuevas que entran en contacto con el gaélico irlandés por primera vez. Anna Paluch es polaca y Carmen Rodríguez Alonso es española. Las dos dominan el gaélico irlandés y era evidente para ellas que había bastante de la misma filosofía en *los refranes de sus propios países y los refranes gaélicos. Aunque los refranes sean antiguos y surgiesen en un mundo muy distinto del actual, mayormente en un ambiente campesino y de pobreza, los refranes de este libro fueron escogidos por el buen consejo, la sabiduría y el humor que hay en ellos y que todavía son relevantes en el mundo de hoy en día. Los dibujos de Fintan Taite reflejan con extraordinaria perspicacia el humor y la humanidad que hay en los refranes.*

BÁS · DEATH · ŚMIERĆ · MUERTE

1

Cén mhaith do dhuine a shaol nuair a bheas a bhean ina baintreach?

What good is life to one when his wife is a widow?

Co komu po życiu, skoro jego żona zostaje wdową?

¿De qué le vale la vida a uno cuando su mujer está viuda?

2

Díríonn an bás an cleasaí is caime.

Death straightens the most crooked trickster.

Śmierć prostuje najbardziej pokrętne podstępy.

(Śmierć wszystkie rzeczy godzi).

La muerte endereza al más redomado truhán.

3

Is cuma cá mbeidh tú má tá an bás le d'aghaidh.

It doesn't matter where you are if death is coming for you.

Nieważne, gdzie jesteś, skoro śmierć patrzy ci w twarz.

(Śmierć wszędy na człeka dybie).

Da igual donde estés si la muerte viene a por ti.

4

Is iomaí lá sa gcill orainn.

We spend many days in the grave.

Wiele dni spędzimy w grobie.

(Odpoczniesz w grobie).

Nuestra estancia en la tumba es larga.

5

Is iomaí riocht ina dtagann an bás.

Death comes in many guises.

Śmierć miewa różne postacie.

La muerte se presenta de muchas formas.

6

Is maith é an bás nuair a theastóidh sé.

Death is good when it is needed.

Śmierć jest dobra, gdy jest potrzebna.

La muerte es buena cuando se necesita.

7

Ní fada ón té is buaine an bás.

Death is not far from even the most long-lived.

Żyjącemu najdłużej do śmierci niedaleko.

La muerte no está lejos ni del más longevo.

8

Níl a fhios ag aon duine an fada nó gearr a shaol.

Nobody knows whether his life will be long or short.

Nikt nie wie, czy jego życie będzie długie, czy krótkie.

(Nie wiemy ani dnia, ani godziny).

Nadie sabe si su vida será corta o larga. (Hasta morir todo es vida).

9

Níl leigheas is fearr ná leigheas an bháis.

There is no cure better than the cure of death.

Śmierć jest najlepszym lekarstwem.

La muerte todo lo cura.

Níl luibh ná leigheas in aghaidh an bháis

10

Bí beo mura mbeidh tú beo ach leathuair.

Live, even if you only live half an hour.

Żyj, nawet jeśli będziesz żyć tylko pół godziny.

Vive, incluso si sólo vives media hora.

11

Tagann an bás mar ghadaí san oíche.

Death comes like a thief in the night.

Śmierć, jak złodziej, zakrada się po kryjomu.

La muerte llega como un ladrón en la noche.

12

Níl luibh ná leigheas in aghaidh an bháis.

There is no herb or medicine against death.

Na śmierć nie ma zioła ni leku.

(Na śmierć nie ma lekarstwa).

No hay remedio contra la muerte.

13

Is é an bás leigheas an duine bhoicht.

Death is the poor person's cure.

Śmierć jest lekarstwem biednego.

(Nędznemu śmierć pociecha).

La muerte es la curación del pobre.

Beagán · Little · Mało · Pequeñez

14

Tógann mionchlocha caisleáin.

Small stones build castles.

Małe kamienie wznoszą zamki.

(Z małego przyjdzie do dużego).

Con pequeñas piedras se construyen castillos.

15

Is é a locht a laghad.

Its shortcoming is its smallness.

Jego uszczerbkiem jest jego niedomiar.

(Lepszy rydz niż nic).

Su defecto es su pequeñez.

16

Is mór é an beagán i measc na mbochtán.

A little is a lot among the poor.

Niewiele w biedzie to dużo

(Ubóstwu mało co brak).

Poco es mucho para un pobre.

17

Is maith an rud beagán den rud maith.

A little of a good thing is good.

Trochę czegoś dobrego też dobre.

Un poco de algo bueno es bueno.

Is mór an fad orlach ar shrón

18

Is fearr beag deas ná mór gránna.

Small and nice is better than big and horrible.

Lepiej mało a dobrze niż wiele a źle.

Mejor poco bueno que mucho malo.

19

Is beag le rá an chuileog nó go dtéann sí sa tsúil.

A fly is a small thing until it gets in one's eye.

Mucha jest mała, dopóki nie wpadnie komuś do oka.

Una mosca es pequeña hasta que se le mete a uno en el ojo.

20

Is mór an fad orlach ar shrón.

An inch is a great length on one's nose.

Cal na nosie to dużo.

(Mało, a często stoi za wiele).

Una pulgada es mucho en la nariz.

Leagfaiðh tua beag crann mór

21

Feileann spallaí do bhallaí chomh maith le clocha móra.

Pebbles are as suitable for walls as big stones.

Kamyki tak samo nadają się do zbudowania ściany, jak duże głazy.

Un muro se construye tanto con guijarros como con piedras grandes.

22

Leagfaidh tua beag crann mór.

A small axe will fell a big tree.

Mały topór ścina duże drzewo.

(Mała rzecz wielkiego powali).

Un hacha pequeña puede cortar un árbol grande.

23

Bíonn earraí maithe i mbeairtíní beaga.

Good wares come in small parcels.

Cenne rzeczy są w małych opakowaniach.

La esencia fina se vende en frasco pequeño. /
La buena colonia se guarda en frasco pequeño.

BÉASA · MANNERS · NAWYKI · MODALES

24

Is fearr béasa ná breáthacht.

Better good manners than good looks.

Dobre maniery są cenniejsze niż dobry wygląd.

Es mejor tener buenos modales que hermosura.

25

Ní liachta tír ná gnás.

There are no more countries than there are customs.

Co kraj to obyczaj.

No hay más países que costumbres.

26

Ní hé an té is áille gáire is áille béasa.

The one who laughs best is not the one with the best manners.

Ten, kto śmieje się najpiękniej, nie ma najpiękniejszych manier.

(Znać głupiego po śmiechu jego).

El que mejor ríe no es que el tiene mejores modales.

27

Ní dhallann cúthaileacht áilleacht.

Shyness does not obscure beauty.

Nieśmiałość nie przesłania piękna.

La timidez no oculta la belleza.

28

Ná déan nós is ná bris nós.

Don't make a custom and don't break a custom.

Nie twórz zasad i nie łam zasad.

No crees una costumbre y no rompas una costumbre.

29

Is fearr múineadh ná maise.

Good manners are better than beauty.

Zachowanie jest cenniejsze niż piękny wygląd.

Mejor buenos modales que belleza.

Múineadh an mhadra múineadh an teaghlaigh

30

Múineadh an mhadra múineadh an teaghlaigh.

The manners of the dog are the manners of the household.

Jaki pies, takie gospodarstwo.

(Jaki pan, taki sługa).

Los modales del perro son los modales de los habitantes de la casa.

31

An té nach féidir leis é féin a iompar taobh istigh, an taobh amuigh is fearr dó.

Outside is the best place for one who cannot behave well inside.

Kto nie umie zachować się wewnątrz, niech zostanie na zewnątrz.

Para el que no sabe comportarse dentro, el exterior es el mejor lugar.

32

An gnás a bhíos sa mbaile agat iompraíonn tú ar do chuairt é.

The way you behave at home is how you behave when visiting.

Zwyczaje, jakie wyniosłeś z domu, przenosisz idąc w gości.

Los modales que tienes en casa son los modales que tienes cuando vas de visita.

Bia agus Deoch · Food and Drink · Jedzenie i picie · Comida y Bebida

33

Ní miste do dhuine lón ag dul chun aistir.

Lunch is no bad thing for one going on a journey.

Wyruszający w podróż nie wzgardzi obiadem.

No es mala cosa que el que sale de viaje almuerce.

34

Níor ith aon neach a dhóthain riamh nár fhág fuílleach.

Nobody ever ate enough without leaving something over.

Nikt jeszcze się nie najadł nie zostawiwszy resztek.

Nadie jamás ha comido lo suficiente sin dejar sobras.

35

Is maith an rud cócaire fírinneach.

A truthful cook is a good thing.

Cenny jest szczery kucharz.

Un cocinero de confianza es buena cosa.

36

Nua gach bídh is sean gach dí.

Freshness in all food and age in all drink.

Jedzenie nowe (świeże), napoje stare.

La comida debe ser fresca y la bebida añeja.

37

Ní béile bídh bia gan deoch.

Food without drink is not a meal.

Nie ma jedzenia bez picia.

Una comida sin vino es como un día sin sol /

Comida sin vino, no vale un comino.

38

Dá fheabhas an t-ál is fearr an t-ithe.

The better the clutch, the better the eating.

Im lepszy wylęg, tym lepsze jedzenie.

Cuanta más abundancia, mejor la comida.

39

Bainis an ghortáin fataí agus scadáin.

The miser's wedding is potatoes and herrings.

Wesele biedaków to ziemniaki ze śledziami.

La boda del avaro consiste en patatas y arenques.

40

As a ceann a bhlitear an bhó.

The cow is milked from her head. (What the cow eats makes the milk).

Krowa pyskiem doi.

La vaca se ordeña por la cabeza. (Lo que la vaca come produce la leche).

41

An té is faide a bheas ag ithe is é is faide a bheas beo.

The one who eats longest will live longest.

Ten, kto je najdłużej, będzie żył najdłużej.

(Kto pomiernie je i pije, ten zawsze najdłużej żyje).

El que más tiempo pasa comiendo es el que más tiempo vivirá.

Bainis an ghortáin fataí agus scadáin

BOCHTAINEACHT · POVERTY · UBÓSTWO · POBREZA

42

Gach bocht le muir is gach saibhir le sliabh.

Every poor person takes to the sea, every rich one to the mountain.

Biedacy wyruszają w morze, a bogacze w góry.

Los pobres van al mar, los ricos a la montaña.

43

Ní dhéanfaidh póca folamh mórán torainn.

An empty pocket will not make much noise.

Pusta kieszeń nie czyni wiele hałasu.

Un bolsillo vacío no hará mucho ruido.

44

Is mairg a rachadh a chodladh ina throscadh.

Alas for the one who goes to sleep fasting.

Nieszczęsny, kto idzie spać o pustym żołądku.

Pobre del que se echa a dormir en ayunas.

45

Tithe móra agus cófraí folmha.

Big houses and empty cupboards.

Duże domy – puste szafy.

Casa grande y despensa vacía.

46

Is fearr bocht sona ná saibhir dona.

Poor and happy is better than rich and wretched.

Lepszy szczęśliwy biedak niż żałosny bogacz.

(Lepszy ubogi zdrowy niż bogacz schorzały).

Mejor pobre y feliz que rico y desgraciado.

47

Is deacair do phócaí folmha a bheith ag caint.

It is difficult for empty pockets to talk.

Pustym kieszeniom ciężko przemawiać.

Es difícil que bolsillos vacíos hablen.

48

Is bocht an rud fear fiúntach folamh.

A sad thing is a worthy man who has nothing.

Człowiek wartościowy lecz ubogi jest godzien pożałowania.

Es triste que un hombre de valía no tenga nada.

49

Is airde fear bocht ina sheasamh ná fear saibhir ar a ghlúine.

A poor man standing is taller than a rich man on his knees.

Biedak, który stoi, jest wyższy niż bogacz na klęczkach.

Un pobre en pie es más alto que un rico de rodillas.

50

Bíonn glam ag chuile mhadra as an duine bocht.

Every dog barks at the poor person.

Ubogiego obszczekuje każdy pies.

(Na ubogiego wszędy kapie).

Todos los perros le ladran al pobre.

51

B'fhearr bás saibhir a fháil ná maireachtáil bocht.

Better to die rich than to live poor.

Lepiej umrzeć bogatym niż żyć biednym.

Mejor morir rico que vivir pobre.

52

An pota róbheag is ní líontar é.

The pot is too small and is never filled.

Zbyt mały garnek nie da się napełnić.

(Dziurawej kieszeni nigdy nie napełnisz).

La olla es demasiado pequeña y nunca está llena.

53

Is minic duine bocht fiúntach.

A poor person is often a worthy one.

Ubogi często szlachetny.

Una persona pobre suele ser de valía.

54

Ag caint ar olann is ag súil le pluid.

Talking of wool and expecting a blanket.

Mówi o wełnie, a spodziewa się koca.

(Więcej mu idzie o wełnę, niż o owce).

Hablando de lana y esperando una manta. (Aún no ensillamos y ya cabalgamos).

55

An té a bhfuil an chaora aige is dó is fusa an t-uan a bheith aige.

It's easiest for the one who has the sheep to have the lamb.

Temu, kto ma owce, jest lżej niż temu, kto ma jagnię.

Es más fácil que el que tiene una oveja tenga un cordero.

56

An té is mó a chuireas is é is mó a bhaineas.

The one who sows most is the one who reaps most.

Kto najwięcej sieje, najwięcej zbiera. (Gęsto siejesz, gęsto zbierasz).

El que más siembra más recoge.

57

Bíonn an mhil milis ach bíonn an bheach cealgach.

The honey is sweet but the bee stings.

Słodki miód, lecz w pszczole żądło.

La miel es dulce pero la abeja pica.

58

Déan thú féin do ghnó is ith thú féin do bhuilín.

Do your own business and eat your own bread.

Czyń co do ciebie należy, a zjesz własną kromkę chleba.

Ocúpate de tus asuntos y come tu propio pan. (Zapatero a tus zapatos).

59

Is fearr beagán gnóthaithe ná go leor caillte.

A little gained is better than a lot lost.

Lepiej mało zyskać niż wiele stracić.

Mejor algo ganado que mucho perdido.

60

Is fearr slat de chuntar ná gabháltas talún.

A yard of a counter is better than a holding of land.

Lepiej posiadać metr lady niż dzierżawić ziemię.

Más vale una yarda de mostrador que poseer tierras.

61

Ní chruinníonn cloch reatha caonach.

A rolling stone doesn't gather moss. (The rolling stone gathers no moss).

Toczący się kamień nie obrasta mchem.

(Na miejscu i kamień obrasta).

Piedra movediza nunca moho la cobija.

62

Má bhíonn cearc leat ag breith caithfidh tú cur suas lena glagarnaigh.

If one of your hens is laying you must put up with her cackling.

Jeśli twoja kwoka znosi jaja, musisz ścierpieć jej gdakanie.

(Gdyby kwoka nie gdakała, nikt by nie wiedział, że zniosła jaja).

Si una de tus gallinas está poniendo huevos debes soportar el cacareo.

63

Is minic a cheaptar bradán le cuileog.

A salmon is often caught with a fly.

Łososia najczęściej się łapie na muchę.

A menudo se coge al salmón con mosca.

64

Is le fear na bó an lao, is le bean an tí an bainne.

The man who owns the cow owns the calf, the woman of the house owns the milk.

Gospodarz widzi w krowie bydło, gospodyni – mleko.

El hombre es dueño del ternero, su mujer es dueña de la leche.

BRÉAGA · LIES · KŁAMSTWA · MENTIRAS

65

Seasfaidh an fhírinne i gcónaí, ach caithfear frapaí a chur faoin mbréag.

The truth will always stand but a lie must be propped up.

Prawda zawsze ustanie, lecz kłamstwo trzeba podpierać. (Kłamstwo ma krótkie nogi).

La verdad siempre se sostendrá por si sola, pero a la mentira hay que sostenerla.

66

Is measa an fear bréagach ná an fear bradach.

A liar is worse than a thief.

Kłamca jest gorszy od złodzieja.

Un mentiroso es peor que un ladrón.

67

Is ionann barúil is bréag.

An opinion is the same as a lie.

Opinia i kłamstwo to to samo.

Es lo mismo una opinión que una mentira.

68

Is furasta bréag a chur ar na mairbh.

It's easy to attribute a lie to a dead person.

Łatwo przypisać kłamstwo zmarłym.

Es fácil atribuir una mentira a un muerto.

69

Caitear bréag a chothú le bréag eile.

A lie must be maintained by another lie.

Kłamstwo rodzi kłamstwo.

Una mentira debe mantenerse con otra mentira.

(De una mentira nacen ciento).

70

Buncloch na bréige i gcolainn na fírinne.

A foundation of lies in a body of truth.

Podstawa kłamstwa leży w trzonie prawdy.

(W każdym kłamstwie jest trochę prawdy).

Cimientos de mentira en un cuerpo de verdad.

(La mentira general pasa por verdad).

71

An dubh a chur ina gheal.

Make black white.

Z białego zrobić czarne.

Hacer que lo blanco sea negro.

Breathnú Romhat · Looking Ahead · Planowanie · Mirando hacia Delante

72

Is minic a bhain duine slat a bhuailfeadh é féin.

Often has a man cut a rod to beat himself.

Człowiek często sporządza kij, który okłada jego samego.

A menudo un hombre ha cortado una vara para golpearse a si mismo.

73

Luigh ar an leaba a chóirigh tú duit féin.

As you have made your bed so you must lie on it.

Jak sobie pościelesz, tak się wyśpisz.

Quien mala cama hace en ella se yace. / Quien siembra vientos, recoge tempestades.

74

Cuir luath is bain luath.

Early sow early mow.

Siej wcześnie i zbieraj wcześnie. (Kto rano wstaje, temu Pan Bóg daje).

Plantado temprano segado temprano.

(Quien pronto siembra, pronto siega. / A quien madruga Dios le ayuda).

75

Is minic a bhí bromaichín gioblach ina ghillín cumasach.

A ragged colt may make a powerful gelding.

Niezręczny źrebak często wyrasta na dorodnego konia.

Un mal potro puede convertirse en un buen caballo.

76

Is fearr breathnú romhat ná dhá bhreathnú i do dhiaidh.

Better one look ahead of you than two looks behind you.

Lepiej raz spojrzeć do przodu niż dwa razy za siebie.

Es mejor una mirada adelante que dos miradas atrás.

77

Déan an fál nó íocfaidh tú foghail.

Build the hedge or you will pay for the trespass.

Wznieś ogrodzenie, inaczej zapłacisz za zniszczenie.

Levanta el seto o pagarás por la intrusión.

Féach sula léimfidh tú is séid sula n-ólfaidh tú

78

Féach sula léimfidh tú agus séid sula n-ólfaidh tú.

Look before you leap and blow before you drink.

Patrz przed siebie zanim skoczysz i zanim wypijesz.

Mira antes de saltar y sopla antes de beber.

79

Níl tuile dá mhéad nach dtránn.

There is no tide, however high, that doesn't ebb.

Nie ma przypływu, jak wysoki by on nie był, który nie odpływa.

No hay marea que sea tan alta que no baje.

80

Níl aon neart air, ach b'fhearr a bheith.

It can't be helped, but better if it could.

Nie ma na to rady, choć lepiej, by była.

No se puede evitar, pero sería mejor que se pudiese.

81

Ná déan aon rud san oíche a mbeidh aiféala ort ar maidin faoi.

Don't do anything in the evening that you'll regret in the morning.

Nie rób w nocy niczego, czego mógłbyś żałować rano.

No hagas nada por la noche que lamentes por la mañana.

82

Ná cuir na huibheacha in aon chiseán amháin.

Don't put all the eggs in one basket.

Nie kładź jajek do jednego koszyka. (Nie kładź wszystkiego na jedną szalę).

No pongas todos los huevos en una cesta. (No te lo juegues todo a una carta).

Brón · Sorrow · Smutek · Pena

83

Níl cara ag cumha ach cuimhne.

Sadness has no friend but memory.

Samotność ma pamięć, nie przyjaciół.

La soledad no tiene ningún amigo excepto la memoria.

84

Is minic a mhaolaigh béile maith brón.

A good meal often took the edge off sorrow.

Dobry posiłek często oddala zmartwienia.

A menudo una buena comida alivió la pena.

(Penas con pan son menos).

85

Is goirt iad na deora, na deora a shiltear, ach is goirte go mór iad na deora nach siltear.

Bitter are the tears, the tears that are shed, but far more bitter are the tears that are not shed.

Przelane łzy są gorzkie, lecz najbardziej gorzkie są te nie przelane.

Las lágrimas que se vierten son amargas, pero más lo son las que no se vierten.

86

Is fearr an charraig a shilfeas braon ná an charraig nach silfidh aon deoir choíchin.

Better the rock that will shed one drop than the rock that will never shed a tear.

Lepsza skała, która uroni jedną łezkę niż ta, która nigdy nie wyleje ani łzy.

Mejor la roca que vierte una lágrima que la roca que jamás verterá una lágrima.

87

Is annamh a thig osna gan doilíos mór sa gcroí.

Seldom comes a sigh without great sorrow in the heart.

Rzadko westchnięciu nie towarzyszy przygnębienie w sercu.

Raramente hay un suspiro sin gran pena en el corazón.

88

Níor tháinig ariamh an mheidhir mhór nach dtiocfadh ina diaidh dobrón.

Never was there great merriment that was not followed by sadness.

Jeszcze nie pojawiła się wielka radość, po której nie nastąpił przenikliwy smutek.

Jamás ha habido gran alegría que no estuviese seguida de tristeza.

(No hay bien ni mal que cien años dure).

89

An té atá i mbrón ní geal leis aon rud.

To the one who is sorrowful nothing is bright.

Dla smutnego nic nie jest promienne.

(W smutku nic nie smakuje).

Al que está triste nada le alegra.

An té atá i mbrón ní geal leis aon rud

90

Tuilleann oibleagáid mhaith oibleagáid ar ais.

One good turn deserves another.

Dobra uczynność zasługuje na odpłacenie uczynnością.

Favor con favor se paga.

91

Ní bhíonn aon chuimhne ar an arán a itear.

Eaten bread is not remembered. (Eaten bread is soon forgotten).

Zjedzonego chleba się nie pamięta.

(Zjedzony chleb bardzo ciężko odrabiać).

El pan que ya se ha comido no se recuerda.

92

Ná féachtar fiacla an chapaill a bhronntar.

Don't examine the teeth of a gift horse. (Don't look a gift horse in the mouth).

Darowanemu koniowi w zęby się nie patrzy.

A caballo regalado no le mires el diente.

93

Is minic gurb é pá duine a bhuíochas.

A person's salary is often his thanks.

Zapłata często jest jedynym podziękowaniem.

A menudo el salario de una persona consiste en agradecimiento.

94

Is minic a bhain duine sclamh as an lámh a chothaigh é.

Many a person bit the hand that fed him.

Często człowiek kąsa rękę, która chleb daje.

Muchas personas muerden la mano que les da de comer.

CÁIL · FAME · REPUTACJA · REPUTACIÓN

95

Tabhair drochainm do mhadra is caithfidh gach éinne cloch leis.

Give a dog a bad name and everyone will throw a stone at it.

Daj psu złe imię, a każdy będzie rzucał weń kamieniem. (Zła sława ciągnie się za człowiekiem).

Dale mala fama a un perro y todo el mundo le tirará una piedra .

(Por un perro que mate me pusieron mataperros).

96

Sceithfidh do chomharsa do chlú mar a scaipeann sí cleití san aer.

Your neighbour will spread your reputation as she scatters feathers in the wind.

Sąsiadka szasta twoją reputacją tak, jak rozrzuca pierze na wietrze.

Tu vecina extenderá tu fama igual que esparce plumas al viento.

97

Is fuar an rud clú gan cara.

Fame is a cold thing without a friend.

Marne jest uznanie, gdy nie ma przyjaciół.

La fama es fría sin un amigo.

98

Is iomaí duine a bhfuil ceann ard air inniu a bheas ina luí go híseal amárach.

Many a person who holds his head high today will lie low tomorrow.

Wielu ludzi, co dziś ma podniesioną głowę, jutro upadnie nisko.

(Kto wysoko lata, ten nisko upada).

Muchas personas que hoy llevan la cabeza alta la bajarán mañana.

99

Is fada a théann cáil an drochdhuine.

A bad person's reputation goes far.

Reputacja złej osoby sięga daleko.

La reputación de una mala persona llega lejos.

100

Is fada a fhanann leasainm ar dhuine.

A nickname stays with a person for a long time.

Przezwisko długo się trzyma człowieka.

Un mote se queda con una persona por largo tiempo.

101

Gan ciste, is fuar an clú.

Without money, fame is a cold thing.

Reputacja bez majątku nic nie znaczy.

Sin dinero la fama no sirve de nada.

<u>102</u>

Cén mhaith duine a bheith caoch mura n-aithnítear air é.

What use is it for one to be blind if that is not recognised.

Co z tego, że człowiek jest ślepcem, skoro tego nie widać. (Daremnie na ślepego mrugają).

De qué le vale a uno ser ciego si su ceguera no se reconoce.

<u>103</u>

Ceangail den drochrud is ceanglóidh sé díot.

Cling to the bad and it will cling to you.

Trzymaj się złego, a złe będzie się trzymać ciebie.

Agárrate a lo malo y lo malo se agarrará a ti.

Caint · Talk · Mowa · Hablar

<u>104</u>

Ní scéal rúin é ó tá a fhios ag triúr é.

It is not a secret once three people know it.

To żadna tajemnica, skoro trzech ludzi o tym wie. (Żadna to tajemnica, skoro wie okolica).

Un secreto ya no lo es una vez que tres personas lo saben.

105

Cé ná bíonn aon chnámh sa teanga, is minic a bhris sí ceann duine.

Though there is no bone in the tongue, it has often broken a person's head.

Choć w języku nie ma w kości, często ucina człowiekowi głowę. (Język bardziej niż żelazo rani).

Aunque la lengua no tiene ningún hueso, a menudo ha roto la cabeza de alguien.

(Los puñales y las lanzas no son tan afilados como las lenguas /
Más hiere mala palabra que espada afilada).

106

Níor bhris focal maith fiacail riamh.

A good word never broke a tooth.

(Soft words break no bones).

Dobre słowo nikogo nie urazi.

Una palabra amable jamás ha roto un hueso.

107

Níor bhris dea-fhocal béal aon duine riamh.

A kind word never broke anyone's mouth.

Dobre słowo nigdy nikomu nie oparzyło języka.

Una palabra amable jamás ha roto la boca de nadie.

(Hablar bien no cuesta dineros y hace compañeros. / Las palabras no cuestan plata).

108

Bíonn cluasa ar na claíocha.

Walls have ears.

Ściany mają uszy.

Las paredes oyen.

109

An rud is eagal liom a rá liom, bíodh a thús agam féin.

What I fear may be said to me, I had better say first myself.

Lepiej, bym pierwszy powiedział to, czego boję się usłyszeć.

Lo que yo tema que me digan, mejor que yo mismo lo diga primero.

110

Ní bheathaíonn na briathra na bráithre.

Mere words will not feed the friars. (Fair words butter no parsnips).

Czcze słowa nie nakarmią braci.

(Pięknymi słówkami się nie najesz).

Las simples palabras no alimentan a los monjes.

111

Údar is ea gach neach go labhraíonn sé.

Everyone is an authority until he speaks.

Każdy jest mądry, dopóki się nie odezwie.

Todo el mundo es sabio hasta que habla.

112

Beagán agus é a rá go maith.

Say but little and say it well.

Mów mało, a dobrze.

(Mądrej głowie dość dwie słowie).

Habla poco pero bien.

113

Ná gearradh do theanga do scornach.

Don't let your tongue cut your throat.

Nie pozwól, by twój język podciął ci gardło.

No dejes que la lengua te corte la garganta.

114

Mórán cainte ar bheagán údair.

A lot of talk about very little.

Wiele mówienia o niczym.

Mucho ruido y pocas nueces.

115

Leigheas gach bróin comhrá.

The cure for all sorrow is conversation.

Rozmowa to lek na każdy smutek.

La conversación es la cura para todos los males.

116

Is fusa rud a rá ná a dhéanamh.

It is easier to say something than to do it.

Łatwiej powiedzieć niż zrobić.

Es más fácil decirlo que hacerlo.

117

Beagán ráite, furasta a leigheas.

Little said, easy to mend.

Małymi słowy łatwo wyleczyć. (Im mniej się mówi, tym lepiej).

Cuanto menos digas, más fácil es de rectificar.

118

An té nach gcuireann fál ar a gharraí féin ná ligeadh duine eile a rún leis.

A person should not tell his secret to someone who doesn't fence his own field.

Temu, kto nie stawia płotu przy własnym ogrodzie, inny nie powierzy swoich sekretów.

Una persona no debería desvelar su secreto a alguien que no valla su finca.

119

An té is lú eolas is é is mó a labhraíonn.

The one who knows least speaks most.

Kto najmniej wie, ten najwięcej mówi.

(Kto wiele mówi, ten mało czyni).

El que menos sabe es el que más habla.

120

An té a bhéarfadh scéal chugat bhéarfadh sé dhá cheann uait.

The one who will bring you a tale will take two tales away from you.

Kto przyniesie ci wieść, weźmie od ciebie dwie.

El que te viene con una historia, se llevará dos historias de ti.

121

An rud is gaire don chroí is é is gaire don bhéal.

What is nearest to the heart is nearest to the mouth.

Rzecz najbliższa sercu jest najbliższa ustom.

(Co w sercu, to i w ustach).

Lo que está más cercano al corazón, está más cercano a la boca.

122

An rud a bhíos á shíorlua tagann sé isteach sa deireadh.

Whatever is constantly mentioned will happen in the end.

Coś, o czym wiecznie się wspomina, w końcu zostaje powszechnie przyjęte.

Lo que se menciona constantemente acabará por suceder.

123

An áit nach bhfeicfear cluinfear.

Even if it is not seen it will be heard.

Choć się nie widziało, to się słyszało.

Aunque no se vea, se oirá

CAIRDEAS · FRIENDSHIP · PRZYJAŹŃ · AMISTAD

124

Ní haitheantas go haontíos.

To know a person, one must live in the same house with him.

Zamieszkaj, to poznasz.

No se conoce a una persona hasta que no se vive con ella.

125

Aithnítear cara i gcruatan.

One knows a friend in hard times. (A friend in need is a friend indeed).

Przyjaciela poznaje się w biedzie.

Al buen amigo le prueba el peligro. / El amigo leal, más que en el bien te acompaña en el mal.

126

Inis dom cé leis a rachaidh tú agus inseoidh mé duit céard a dhéanfaidh tú.

Tell me with whom you will go and I'll tell you what you will do.

Powiedz mi z kim przestajesz, powiem ci, kim jesteś.

Dime con quién andas y te diré quién eres.

127

In aimsir sonais is sóláis beidh cairde go leor agat,

in aimsir donais is dóláis ní bheidh ceann as an scór agat.

In times of happiness and joy you will have many friends,

in bad times and times of sadness you will have one out of twenty.

W szczęściu i doli będziesz miał dość przyjaciół, w nieszczęściu i niedoli pozostanie

ci jeden z dwudziestu. (Gdy brać – są bracia, gdy dawać – nie ma braci).

En tiempos de felicidad y alegría tendrás muchos amigos,

pero en tiempos de dificultades y tristeza tendrás uno entre veinte.

128

In aimsir na cruóige a fheictear an cara is fearr.

It's in times of hardship that the best friend is seen.

Najlepszego przyjaciela poznaje się w pilnej potrzebie.

En el peligro se conoce al amigo.

129

Giorraíonn beirt bóthar.

Two people shorten a road.

Gdzie dwóch, droga krótsza.

Dos personas hacen el camino más corto.

130

Duine gan cara, duine gan suim.

A person without a friend is a person without interest.

Człowiek bez przyjaciela to człowiek bez wartości.

Quien no tiene un amigo no tiene interés.

131

Déan le do chomharsa mar ba mhian leat é a dhéanamh duit.

Do to your neighbour as you would like to have done to you.

(Do as you would be done by).

Czyń swemu sąsiadowi, jak chcesz, by czynił tobie

(To czyń innemu, co też sobie życzysz).

Trata a tu vecino como te gustaría que te tratasen a ti.

132

Cuntas gearr a níos carthanas fada.

A short account makes for a long friendship.

Krótka (mała) korzyść służy dłuższej przyjaźni.

Una larga amistad no necesita palabras.

133

An té nach trua leis do chás ná déan do ghearán leis.

Don't make your complaint to someone who doesn't sympathise with your case.

Nie skarż się temu, kto ci nie współczuje.

No te quejes a alguien que no se compadece de tu situación.

134

Togh do chuideachta sula ngabhfaidh tú ag ól.

Choose your company before you go out drinking.

Zanim pójdziesz pić, wybierz sobie towarzystwo.

Elije a tus compañeros antes de beber.

135

Ná tréig do chara ar do chuid.

Don't betray your friend for the sake of your portion.

Nie porzucaj przyjaciela dla własnej racji.

No traiciones a tu amigo por obtener un beneficio.

136

Is maith an scáthán súil carad.

A friend's eye is a good mirror.

Spojrzenie przyjaciela jest dobrym zwierciadłem.

El ojo de un amigo es un buen espejo.

137

Is fearr comharsa béal dorais ná duine muinteartha i bhfad uait.

A neighbour next door is better than a relative far away from you.

Lepszy sąsiad bliski niż krewny daleki.

Un vecino en la puerta de al lado es mejor que un pariente que esté lejos.

138

Is fearr cara sa gcúirt ná bonn sa sparán.

A friend in court is better than a coin in the purse.

Lepszy przyjaciel w sądzie niż grosz w portfelu.

Mejor un amigo en el juzgado que una moneda en la cartera.

139

Inis dom do chomrádaí is inseoidh mé duit cé thú féin.

Tell me who your companion is and I'll tell you who you are.

Pokaż mi swojego towarzysza, powiem, kim jesteś.

Dime con quien andas y te diré quién eres.

CAITHEAMH · SPENDING · ROZRZUTNOŚĆ · GASTO

140

Nuair atá dhá cheann na coinnle lasta ní sheasann sí i bhfad.

When both ends of the candle are lit, it doesn't last long.

Gdy zapali się oba końce świecy, nie ustanie ona długo.

Cuando los dos extremos de la vela están encendidos, la vela no dura mucho.

141

Ní bhíonn stuama caifeach.

A level-headed person is not extravagant.

Roztropny nie jest szczodry.

Una persona sensata no derrocha.

142

Cainteanna críonna is bealaí caifeacha.

Wise words and extravagant ways.

Roztropne słowa a rozrzutne postępowanie.

Palabras sabias y comportamiento necio.

143

An té atá caifeach lena óige beidh sé bocht lena aois.

The one who is extravagant in youth will be poor in old age.

Kto rozrzutny w młodości, ten biedny w starości.

(Kto za młodu próżnuje, ten na starość głód czuje).

El que es gastador en su juventud será pobre en su vejez.

144

An rud a fhaightear go bog caitear go bog é.

What is easily got is easily spent. (Easy come, easy go).

Lekko przyszło, lekko poszło.

Lo que se obtiene fácilmente se gasta fácilmente.

CEIRD · TRADE / OCCUPATION · RZEMIOSŁO · OFICIO

145

Ní féidir ceird a chaitheamh.

A craft cannot be spent.

Rzemiosła nie można roztrwonić.

Quien ha oficio, ha beneficio.

146

Is fearr lán glaice de cheird ná lán glaice d'ór.

A handful of a craft is better than a handful of gold.

Dłoń wprawna w rzemiośle jest cenniejsza niż dłoń pełna złota.

Un oficio es mejor que un puñado de oro.

147

Fear le gach uile cheird is gan é ina mháistir ar aon cheird.

A man of many trades and a master of none. (Jack of all trades and master of none).

Znawca wszystkiego i specjalista w niczym (sześć fachów, a siódma bieda).

El que mucho abarca poco aprieta.

148

Bí i do mháistir ar do chúram nó beidh do chúram ina mháistir ort.

Be master of your task or your task will be your master.

Bądź panem powierzonego ci zadania, inaczej to ono będzie twoim panem.

Domina tu tarea o tu tarea te dominará a ti.

149

Ba mhinic droch-chasúr ag togha siúinéara.

A good carpenter often had a bad hammer.

Dobry stolarz często ma zły młotek.

A menudo un buen carpintero tuvo un mal martillo.

150

An té a ólann a phá ní ólann sé a cheird.

The person who drinks his wage doesn't drink his craft.

Kto przepija wypłatę nie jest pochłonięty swoją pracą.

La persona que se bebe la paga no se bebe su oficio.

151

An té a mbíonn ceird aige bíonn beatha aige.

The person who has a trade has a livelihood.

Kto zna swoje rzemiosło, ma się z czego utrzymać.

Oficio, bueno o malo, da de comer a su amo.

CIALL · COMMON SENSE · ROZSĄDEK · SENTIDO COMÚN

152

Ní fearr bia ná ciall.

Good sense is no less important than food.

Dobry rozsądek jest nie mniej ważny niż jedzenie.

El sentido común es tan importante como la comida.

153

Is fearrde ciall comhairle.

Sense is bettered by counsel.

Rada służy rozsądkowi.

El sentido común mejora con el buen consejo.

154

Múineann gá seift.

Necessity teaches resource. (Necessity is the mother of invention).

Potrzeba jest matką wynalazków.

La necesidad agudiza el ingenio.

155

Bailíonn brobh beart.

Handfuls of rushes make up a load.

Z naręczy sitowia powstaje brzemię.

(Ziarnko do ziarnka, a będzie miarka).

Muchos pocos hacen un mucho.

156

Togh do chuideachta sula suífidh tú.

Choose your company before you sit down.

Zanim usiądziesz, wybierz sobie towarzystwo.

Elige a tus compañeros antes de sentarte.

157

Ní thig luas le léire.

Speed and precision do not agree.

Prędkość nie idzie w parze z precyzją.

Precisión y rapidez no van juntas.

158

Cuimhnigh sula labhróidh tú agus féach romhat sula léimfidh tú.

Think before you speak and look before you leap.

Pomyśl, zanim się odezwiesz i popatrz przed siebie, zanim skoczysz.

Piensa antes de hablar y mira antes de saltar.

159

An scuab nua is fearr a scuabann an teach.

The new broom sweeps the house best. (A new broom sweeps clean).

Nowa miotła najlepsza do zamiatania domu. (Nowy szef, nowe porządki).

La escoba nueva barre mejor la casa.

160

Tar éis a fheictear gach beart.

It is afterwards events are understood.

Po fakcie widać każde działanie.

(Po czasie każdy mądry).

Es un tiempo después que se entiende lo sucedido.

161

Ná déan do theach ar an ngaineamh.

Don't build your house on the sand.

Nie buduj domu na piasku.

No construyas tu casa en la arena.

162

Ní troimide an cholainn ciall.

Sense doesn't make the body heavier.

Rozsądek nie doda ciału wagi.

El sentido común no hace que el cuerpo sea más fuerte.

163

Ní thagann ciall roimh aois.

Sense doesn't come before age.

Rozsądek nie uprzedza wieku.

El sentido común comienza a los veinte años.

164

Tagann ciall tar éis feirge.

Sense comes after anger.

Po złości przychodzi rozsądek.

El sentido común llega después del enfado.

165

Is beag is fiú éadan álainn gan ceann céillí.

A beautiful face is worth little without a sensible head.

Piękne lico jest niewiele warte przy niemądrej główce.

Una cara bonita no sirve de nada sin una cabeza sensata.

166

I leaba a chéile a thagas an chiall don duine.

By degrees is how a person becomes sensible.

Człowiek nabywa rozsądku stopniowo.

Es poco a poco que una persona llega a ser sensata.

167

Duine ar bith nár chuir Dia ciall ann, ní chuirfidh maide ná bia ciall ann.

The person to whom God did not give sense will not be given sense by a stick or food.

Temu, kogo Bóg nie obdarzył rozsądkiem, nie da go ani kij, ani jedzenie.

*La persona a la que Dios no dio sentido común no llegará
a conseguirlo usando una vara o con comida.*

CINNTEACHT · CERTAINTY · PEWNOŚĆ · CERTEZA

168

Ní hionann dul go dtí an baile mór is teacht as.

To go to town is not the same thing as to come back.

Wyjazd do miasta a powrót z miasta to nie to samo.

No es lo mismo ir al pueblo que venir de allí.

169

Mairg a ní deimhin dá bharúil.

Woe to him who deems his opinion a certainty.

Nieszczęsny, kto nie jest pewien swojej opinii.

Pobre del que piensa que su opinión es una certeza.

170

Ní le chuile bhó a lao féin.

Every cow's calf is not her own.

Nie przy każdej krowie jej własny cielak.

No todos los terneros de la vaca son suyos.

171

Ná nocht d'fhiacla gur féidir leat greim a bhreith.

Don't bare your teeth until you can bite.

Nie obnażaj zębów by ugryźć kęs.

No muestres tus dientes antes de morder.

172

Ná maígh thú féin as an lá amárach.

Don't boast about what you'll do tomorrow.

Nie chwal się, jaki będziesz jutro. (Nie chwal dnia przed wieczorem).

No presumas de lo que vas a hacer mañana.

173

Comhaireamh na sicíní is gan iad amuigh.

Counting the chickens before they have hatched.

Liczyć kurczaki, zanim się wyklują.

(Dzielić skórę na niedźwiedziu).

Vender la piel del oso antes de cazarlo.

174

Ná caith amach an t-uisce salach go bhfaighidh tú an t-uisce glan isteach.

Don' throw out the dirty water until you have got in the clean water.

Nie wylewaj mętnej wody, póki nie naczerpiesz czystej.

No tires el agua sucia hasta que tengas el agua limpia.

175

Is fearr suí socair ná éirí is titim.

Better to sit quietly than to get up and fall.

Lepiej cicho siedzieć, niż wstać i upaść.

Mejor sentarse despacio que levantarse y caer.

176

Is fearr éan sa láimh ná dhá éan ar an tom.

Better a bird in the hand than two birds in the bush.

Lepszy wróbel w garści, niż gołąb na dachu.

Mejor pájaro en mano que ciento volando.

177

Fearr a bheith cinnte ná caillte.

Better to be sure than to be lost.

Lepiej być pewnym niż pogubionym.

Mejor estar seguro que estar perdido.

178

Fásann níos mó i ngarraí ná a chuirtear ann.

More grows in a garden than is sown there.

W ogrodzie rośnie więcej, niż zostało zasadzone.

Crecen más cosas en el jardín de las que se plantan.

179

Bí ceart sula mbeidh tú dearfa.

Be right before you are sure.

Miej rację zanim będziesz pewien.

Ten razón antes de estar seguro.

CLANN · FAMILY · DZIECI · FAMILIA

180

Spáráil an tslat is mill an páiste.

Spare the rod and spoil the child.

Oszczędzaj bata i zepsuj dzieciaka.

El mimo pierde al niño.

181

Is iad a chlann saibhreas an duine bhoicht, is bochtanas an duine shaibhir.

His family is the poor man's wealth and the rich man's poverty.

Dzieci u pana ubóstwem, u chłopa bogactwem.

La familia es la riqueza del pobre y la pobreza del rico.

182

Is uaigneach teach gan clann, is is corrach an teach a bhfuil siad ann.

A house without a family is a lonely one, and the house in which there is a family is an unsettled one.

Dom bez dzieci jest samotny, dom z dziećmi – niespokojny.

Una casa sin familia es solitaria y una casa con familia es inestable.

Spáráil an tslat is mill an páiste

183

Is trom an rud dea-chomhairle athar ar chroí a chlainne.

The good advice of a father lies heavily on the heart of his family.

Dobra rada ojca ciężko trafia do serca dzieci.

El buen consejo de un padre tiene un lugar importante en el corazón de su familia.

184

Is mairg don té nár thóg leanbh ná lao dhó féin.

Alas for the person who did not raise his own child or calf.

Biada temu, kto nie wychował własnych dzieci ani nie wyhodował cielaka.

Pobre de aquel que no crió su propio hijo o ternero.

185

Is mac duit do mhac go bpóstar é, ach is iníon duit t'iníon go dté tú sa gcré.

Your son is you son until he marries, but your daughter is your daughter until you are in the grave.

Twój syn jest twoim synem, dopóki się nie ożeni, córka jest twoją córką,

póki nie znajdziesz się w grobie.

Tu hijo es tu hijo hasta que se casa, pero tu hija es tu hija hasta la tumba.

186

Is giobach í an chearc go dtógfaidh sí a hál.

The hen is untidy until she has raised her chicks.

Kura jest ubrudzona, dopóki nie wychowa kurcząt.

La gallina es descuidada hasta que cría a sus propios pollitos.

187

Clann a leagann, clann a thógann.

It is a family that knocks down, a family that raises up.

Dzieci powalają i dzieci podnoszą na duchu.

Es la familia la que tumba a uno y la familia la que cría a uno.

188

Bíonn cúram naonúir ar lánúin gan leanbh.

A childless couple has the care of nine.

Bezdzietna para obdarza dziewięciokrotną troską.

Una pareja sin niños cuida de nueve.

189

An rud a chíos an leanbh níonn an leanbh.

What the child sees, the child does.

Dziecko robi to, co widzi.

El niño hace lo que ve.

190

Níor eitigh páipéar dúch ariamh.

Paper never refused ink.

Papier atramentowi nigdy nie odmówił. (Papier jest cierpliwy).

Jamás ha rechazado el papel a la tinta.

CLEACHTADH · PRACTICE · PRZYZWYCZAJENIA · PRACTICA

191

Is geall le scíth malairt oibre.

A change of work is like a rest.

Zmiana pracy jest jak odpoczynek.

Cambiar de trabajo es como un descanso.

192

Is geal gach úr ach is searbh gach gnách.

Every fresh thing is bright but every customary thing is bitter.

Wszystko nowe świeci, co spowszedniało, jest gorzkie. (Co nowe to lepsze).

Todo lo nuevo brilla, pero la costumbre es amarga.

193

Is fearr an diabhal a bhfuil cleachtadh agat air ná an diabhal nach bhfuil.

The devil you know is better than the devil you do not.

Lepszy diabeł, do którego przywykłeś, niż ten, do którego nie jesteś przyzwyczajony.

Más la vale lo malo conocido que lo bueno por conocer.

194

Is dall fear i dteach duine eile.

A man is blind in another man's house.

W domu kogoś innego jest się ślepym.

(Gdy jesteś w cudzym domu, nie zawadzajże nikomu).

Uno es ciego en la casa de otra persona.

195

Cleachtadh a níos máistreacht.

Practice makes mastery.

(Practice makes perfect).

Praktyka czyni mistrza.

El uso hace maestro.

196

Bíonn blas milis ar bhrachán na gcomharsan.

The neighbours' porridge tastes sweet.

Owsianka sąsiada ma słodki smak.

(Cudzy chleb najsmaczniejszy).

Los copos de avena del vecino son dulces.

197

An té nach gcleachtann an fhairsinge is féasta leis beagán.

To one not accustomed to abundance, a little is a feast.

Dla tego, kto nie przywykł do obfitości, niewiele to uczta.

Para el que no está acostumbrado a la abundancia, poco es un festín.

198

An rud is annamh is iontach.

What seldom happens is wonderful.

Rzadkie rzeczy bardziej się podobają.

Lo que sucede raramente es estupendo.

199

An iomarca aithne, méadaíonn sé an tarcaisne.

Too much acquaintance increases contempt. (Familiarity breeds contempt).

Poufałość rodzi lekceważenie.

La confianza da asco.

200

An faisean atá sa láimh, is deacair a bhaint aisti.

The mannerisms of the hand are hard to remove.

Ciężko się pozbyć tego, do czego przywykła ręka.

Los gestos de la mano son difíciles de eliminar.

CNEASTACHT · HONESTY · UPRZEJMOŚĆ · HONESTIDAD

201

Más maith leat a bheith ceart tabhair a chuid féin do chách.

If you want to be righteous give everyone his own.

Jeśli chcesz być sprawiedliwy, oddaj każdemu, co mu się należy.

Si quieres ser justo, da a cada uno lo suyo.

202

Is mairg nach leanann an bealach díreach.

Alas for him who doesn't follow the straight road.

Idź prostą drogą, nie zbłądzisz.

Pobre de aquel que no sigue el camino recto.

203

Tiocfaidh an duine macánta ar a chuid féin.

The honest person will find his own.

Uczciwość popłaca.

La persona honesta encontrará lo suyo.

204

Is socair a chodlaíonn duine ar chneá dhuine eile.

One sleeps tranquilly on the hurt of another. (It's easy to sleep on another man's wound).

Na obcej krzywdzie śpi się spokojnie.

(Cudza rana nie boli).

Se duerme tranquilo sobre la herida de otro.

205

Ní hé an sionnach a bhíos ina chodladh is mó a mharaíonn éanlaith.

It is not the fox who sleeps that kills most birds.

Lis, który śpi, nie zabija najwięcej ptaków.

(Kto śpi, ten nie grzeszy).

No es el zorro que duerme el que más pájaros caza.

206

Ní chodlaíonn ach fear gan imní.

Only a man without worries sleeps.

Zasypia tylko ten, kogo nie dręczą zmartwienia.

Sólo duerme un hombre sin preocupaciones.

207

Fágfaidh codladh fada droim nocht agat.

A long sleep will leave you with a bare back.

Śpij do późna, zostaniesz z gołymi plecami.

Un sueño largo te dejará con la espalda desnuda.

208

Déanann codladh fada faillí.

A long sleep leads to neglect.

Spanie do późna prowadzi do zaniedbania.

Un sueño largo lleva al descuido.

209

Codladh go meán lae a fhágann an doras dúnta.

Sleeping until midday leaves the door shut.

Spanie do południa pozostawia drzwi zamknięte.

El dormir hasta el mediodía deja la puerta cerrada.

210

Is minic a bhí duine ina dhroch-chomhairle dó féin agus ina chomhairle mhaith do dhuine eile.

A man is often a bad advisor to himself and a good advisor to another.

Człowiek często jest złym doradcą dla siebie, a dobrym dla innych.

(Łatwiej innym poradzić niż sobie).

A menudo uno es mal consejero para sí mismo y buen consejero para los demás.

(Haz lo que yo te diga y no lo que yo haga).

211

Mairg ná déanann comhairle dea-mhná.

Woe to him who does not the counsel of a good woman.

Biada temu, kto nie stosuje porad dobrej żony.

Desgraciado aquel que no sigue el consejo de una buena mujer.

212

An dall ag treorú an daill.

The blind leading the blind.

Ślepy prowadzi ślepego.

El ciego guiando al ciego.

213

Tabhair do chomhairle don té a ghlacfaidh í.

Give your advice to the one who will accept it.

Służ radą temu, kto ją stosuje.

(Próżno się radzi, kto rady nie słucha).

Da tu consejo a aquel que lo acepte.

214

Is minic a fuarthas comhairle ghlic ó amadán.

A fool often gave clever advice.

Głupi mądrego przegadał.

A menudo un tonto ha dado buen consejo.

215

Is fusa comhairle a thabhairt ná a ghlacadh.

It is easier to give advice than to take it.

Łatwiej dawać rady niż je stosować.

Es más fácil dar consejo que recibirlo.

216

Is fearr comhairle na haoise ná comhairle na hóige.

The advice of age is better than the advice of youth.

Głos doświadczenia jest cenniejszy niż głos młodości.

El consejo de la edad es mejor que es consejo de la juventud.

(Sabe más el diablo por viejo que por diablo).

217

Is fearr comhairle le ceannach ná dhá chomhairle in aisce.

Better advice that you buy than two advices free of charge.

Rada, którą kupisz, jest lepsza niż dwie, które dostaniesz za darmo.

Mejor consejo comprado que dos consejos gratis.

218

Comhairle an tseanduine is maith an duine óig.

The old person's advice is to the benefit of the young person.

Rada starszego służy dobru młodego.

El consejo del viejo es para el bien del joven.

219

Cogar i gcluais, fóireann sé go minic.

A whisper in the ear, it often helps.

Szept do ucha, to często pomaga.

A menudo es útil un susurro al oído.

220

An rud is nimh do dhuine is leigheas do dhuine eile é.

What is poison to one is another's cure. (One man's cure is another man's poison).

Co jednemu lekarstwem, drugiemu trucizną.

No hay feria mala.

Comórtas · Competition · Rywalizacja · Competición

221

Is mó a thaibhse ná a thairbhe.

Its outward display is greater than its value.

Jego wygląd przewyższa jego wartość.

No es oro todo lo que reluce.

222

An rud a thógfadh duine, is é a mharódh duine eile

What one person would eat would kill another person.

(One man's meat is another man's poison).

Co jednego syci, drugiego zabija.

Lo que es carne para uno, es veneno para otro.

223

Is annamh a bhíos suaimhneas gan an buaireamh a bheith tríd.

Seldom is there ease without some perturbance through it.

Rzadko panuje spokój, który nie został naruszony.

Raramente hay tranquilidad que no sea perturbada.

224

B'fhearr solas romhat ná seacht gcinn i do dhiaidh.

A light in front of you is better than seven behind.

Jedno światełko przed tobą jest cenniejsze niż siedem (wiele) świateł za tobą.

Una luz delante de ti es mejor que siete detrás de ti.

225

Is fearr comharsa ná saibhreas.

A neighbour is better than wealth.

Lepszy sąsiad niż bogactwo.

Es mejor tener un vecino que tener riquezas.

226

Is deacair dul idir an dair is an craiceann.

It is difficult to go between the oak and its bark.

Ciężko się wcisnąć między dąb i jego korę.

(Między drzewo a korę palca nie wtykaj; nie mieszaj się do nie swoich spraw).

Es difícil pasar entre el roble y su corteza.

227

Ní scaoth breac.

A fish is not a shoal.

Jedna ryba nie tworzy ławicy.

Un pez no es un banco de peces.

228

Scuabann scuab nua glan ach is fearr a scuabfaidh seancheann.

A new broom sweeps clean but an old one sweeps better.

Nowa miotła zamiata czysto, lecz lepiej zamiata się starą.

Una escoba nueva barre limpio, pero una vieja limpia mejor.

229

Fiach leis an gcú, rith leis an ngiorria.

Hunt with the hound, run with the hare.

Polować z psami i uciekać z zającem.

(Panu Bogu świeczkę a diabłu ogarek).

Caza con el galgo, corre con la liebre.

230

I dtír na ndall is rí fear na leathshúile.

In the land of the blind the one-eyed man is king.

Pomiędzy ślepcami jednooki jest królem.

En el país de los ciegos el tuerto es el rey.

231

Is fearr an mhaith atá ná an dá mhaith a bhí.

The good that is, is better than the two goods that were.

Lepsze dobro, które jest, niż dwa, które były.

Mejor lo bueno presente que dos cosas buenas del pasado.

232

Is fearr asal a iompróidh thú ná capall a chaithfidh thú.

A donkey that will carry you is better than a horse that will throw you.

Lepszy osioł, który będzie cię niósł, niż koń, który cię zrzuci.

Un burro que te lleve es mejor que un caballo que te tire.

233

Ná bí ag comórtas leis an té is measa ach féach a bheith suas leis an té is fearr.

Don't be in competition with the worst person but try to be up with the one who is best.

Nie wdawaj się w rywalizację z najsłabszym, lecz staraj się sprostać najlepszemu.

No compitas con el peor, trata de estar a la altura del mejor.

234

Ná bí ar an gcéad duine a thriailfidh an nua,

ná ar an duine deireanach a bhfeicfear agat an sean.

Don't be the first person to try the new, nor the last person who will be seen to have the old.

Nie bądź pierwszym, który próbuje nowego, ani ostatnim,

którego widziano, jak się trzyma starego.

No seas el primero en probar lo nuevo, ni el último en mantener lo antiguo.

235

Ní fhéadann duine a bhuilín a bheith aige is a ithe.

One cannot have one's loaf and eat it.

Nie można jednocześnie mieć kromki chleba i jej zjeść.

No se puede estar en misa y repicando.

236

Dá fhad an lá tagann an tráthnóna.

However long the day the evening comes.

Nawet po długim dniu przychodzi wieczór.

Por muy largo que sea el día, llega la tarde.

CONTÚIRT · DANGER · RYZYKO · PELIGRO

237

Cailltear lán loinge ar son aon duine amháin.

A ship is often lost with all on board on account of one person.

Statek pełen ludzi tonie z powodu jednej osoby.

A menudo se hunde un barco con todos los tripulantes a causa de una sola persona.

238

Níl cath dá mhéid nach dtagann duine as.

There is no battle, however big, where someone doesn't escape.

Nawet z największej bitwy ktoś wychodzi cało.

Es una batalla dura cuando nadie escapa.

239

Bíonn an aithrí mhall contúirteach.

To defer repentance is dangerous.

Spóźniona skrucha jest niebezpieczna.

Aplazar el arrepentimiento es peligroso.

240

Mairg a fhanann leis an lá déanach.

Woe to him who waits until the last day.

Biada temu, kto czeka do ostatniej chwili.

Pobre de aquel que espera hasta el último día.

241

An gad is gaire don scornach is cóir a réiteach ar dtús.

The withe / tie that is nearest the throat should be fixed first.

Najpierw należy rozwiązać te więzy, które są najbliżej gardła.

(Zająć się najbardziej pilną sprawą).

El nudo que está más cerca de la garganta es el que primero debería arreglarse.

242

Nuair is crua don chailleach, caithfidh sí rith.

When the old woman is hard pressed, she must needs run.

Gdy starszej kobiecie jest ciężko, musi uciekać.

(Niebezpieczeństwu trzeba się wymknąć, nawet jeśli jest to ponad czyjeś siły).

Cuando la vieja está en apuros tiene que salir corriendo.

Nuair a bhíonn do lámh i mbéal an mhadra, tarraing go réidh í

243

Nuair a bhíonn do lámh i mbéal an mhadra, tarraing go réidh í.

When your hand is in the dog's mouth, withdraw it gently.

Gdy twoja ręka jest w pysku psa, wycofaj ją powoli.

(Nie ciągnij psa za ogon, bo ukąsi).

Cuando la mano está en la boca del perro, apártala lentamente.

244

Ag teacht na hoíche is olc an rud a bheith sa sliabh.

It is bad to be in the mountain at nightfall.

Źle jest znajdować się w górach z nadejściem nocy.

Es mala cosa estar en la montaña cuando cae la noche.

245

Bíodh faitíos ort is ní baol duit.

Be afraid and you won't be in danger.

Jeśli się boisz, nie grozi ci niebezpieczeństwo.

Ten miedo y no correrás peligro.

246

Is fearr filleadh as lár an átha ná bá sa tuile.

Better to return from the middle of the ford than to drown in the flood.

Lepiej cofnąć się w połowie brodu niż utonąć w nurcie rzeki.

Mejor volver del vado que ahogarse en la inundación.

247

Is furasta gabháil thar dhoras mada gan fiacail.

It is easy to pass the doorway of a toothless dog.

Łatwo jest przejść przez drzwi strzeżone przez psa, który nie ma kłów.

Es fácil cruzar la puerta de un perro sin dientes.

248

Níl greim ar bith chomh dílis le greim an fhir bháite.

There is no hold so genuine as the hold of a drowning man.

Nie ma równie prawdziwego uchwytu, jak uchwyt tonącego.

No hay agarrón tan verdadero como el de un hombre que se ahoga.

249

Is í an toirneach a scanraíonn is an tintreach a mharaíonn.

It is the thunder that frightens and the lightning that kills.

Grzmot straszy, piorun zabija.

El trueno es el que asusta y el rayo el que mata.

Cosúlacht · Likeness · Wygląd · Semejanza

250

Ceileann slacht neart go minic.

A good appearance often conceals strength.

Dobry wygląd często przysłania siłę.

Un buen aspecto a menudo oculta fuerza.

251

Cuireann búcla slacht ar sheanbhróg.

A buckle improves the appearance of an old shoe.

Klamra poprawia wygląd starego buta.

Una hebilla mejora el aspecto de un zapato viejo.

252

Dhá dtrian den damhsa cosúlacht.

Two thirds of the dance is the resemblance.

Dwie trzecie tańca do tańca podobne.

(Dobrze stwarzane pozory potrafią przekonać).

Dos terceras partes del baile es la apariencia.

253

Is furasta an tsúil a mhealladh.

It is easy to deceive the eye.

Oko łatwo zmylić. (Pozory łatwo mylą).

Es fácil engañar a la vista.

254

Is minic a bhí fear maith i seanbhríste.

Often was a good man in old trousers.

Dobry człowiek często nosił stare spodnie.

A menudo se ha visto a un buen hombre con pantalones viejos.

255

Ní bhíonn deatach gan tine.

There is no smoke without fire.

Nie ma dymu bez ognia.

No hay humo sin fuego.

256

Ní i gcónaí a bhíos an suanaí ina leibide.

A lethargic person is not always a fool.

Ospały nie zawsze jest niedbały.

No siempre una persona poco despierta es tonta.

257

Is é an duine an t-éadach.

The clothes are the person. (Clothes make the man).

Taki człowiek, jaki ubiór.

(Znać ptaka po pierzu).

El hábito hace al monje.

258

Is fearr rith maith ná drochsheasamh.

A good retreat is better than a poor defence.

Dobry odwrót jest lepszy niż słaba obrona.

Una retirada a tiempo es una victoria.

259

An té a bhuailtear sa mullach, bíonn faitíos air.

The one who is hit on the head is timid thereafter.

Ten, kogo uderzono w głowę, staje się płochliwy.

Aquel al que le pegan en la cabeza es tímido después.

260

Bíodh do theanga i do phóca is do mhaide sa talamh.

Keep your tongue in your pocket and your stick in the ground.

Schowaj język do kieszeni, a swoje trzy grosze do ziemi (nie wtrącaj się).

Guarda la lengua en el bolsillo y ten el bastón en el suelo.

261

Ná haithris gach ní dá bhfeictear duit.

Don't tell everything you see.

Nie naśladuj wszystkiego, co widzisz.

No digas todo lo que ves.

262

Ná bíodh tús achrainn agat ná deireadh scéil.

Don't have the start of a fight or the ending of a story.

Niech do ciebie nie należy rozpętywanie kłótni ani ostatnie zdanie.

No empieces una pelea ni tengas la última palabra.

263

Is doiligh púicín a chur ar shúile seanchait.

It is hard to blindfold the eyes of an old cat.

Staremu kotu ciężko zawiązywać oczy.

(Starego wróbla nie weźmiesz na plewy).

Es difícil vendar los ojos de un gato viejo.

CRUATAN · HARDSHIP · NIEDOLA · DIFICULTAD

264

An taobh crua den leaba agus an chuid chaol den bhia.

The hard side of the bed and the meagre amount of the food.

Twarda strona łóżka i skąpa część strawy.

El lado duro de la cama y escasa cantidad de comida.

265

Cuardach snáthaide i bpunann tuí.

Searching for a needle in a bale of straw.

(Searching for a needle in a haystack).

Szukać igły w stogu siana.

Buscar una aguja en un pajar.

266

Más milis mil ná ligh den driseog í.

Though honey is sweet, don't lick it off the briar.

Choć miód jest słodki, nie zlizuj go z wrzoścu.

Aunque la miel sea dulce, no la lamas de la zarza.

267

Ná bris do lorga ar stól nach bhfuil i do shlí.

Don't break your shin on a stool that isn't in your way.

Nie połam piszczeli na stołku, który ci nie zawadza drogi.

No te rompas la espinilla contra un taburete que no te entorpece el paso.

CÚNAMH · HELP · POMOC · AYUDA

268

Ní slua neach ina aonar.

A solitary person does not make an army.

Jedna osoba nie czyni armii. (Jedna jaskółka wiosny nie czyni).

Una persona solitaria no constituye un ejército.

269

Ar scáth a chéile a mhaireann na daoine.

People live in each other's shadow / protection.

Ludzie żyją nawzajem we własnym cieniu. (Człowiek to zwierzę społeczne).

La gente vive a la sombra de otra gente.

270

Iomad lámh a dhéanas obair luath.

Many hands make quick work. (Many hands make light work).

W towarzystwie pracuje się lepiej.

Muchas manos hacen rápido el trabajo.

271

Is maith comhairle ach is fearr cabhair.

Advice is good but help is better.

Rada jest dobra, lecz pomoc jeszcze lepsza.

El consejo es bueno, pero la ayuda es mejor.

CUR I GCÉILL · PRETENCE · PORÓWNYWANIE · ENGAÑO

272

Is furasta tochras ar abhras do chomharsan.

It is easy to wind on the spinning of your neighbour.

Łatwo jest nawijać przędzę sąsiada (opowiadać zmyślone historie, brednie).

Es fácil trabajar en la rueca de tu vecino.

273

Is measa a ghlam ná a ghreim.

His bark is worse than his bite.

Więcej szczeka niż gryzie. (Nie taki groźny, na jakiego wygląda).

Perro ladrador poco mordedor.

DEIFIR · HASTE · POŚPIECH · PRISA

274

Cangail do ghreim go maith is ní thachtfaidh sé thú.

Chew your food well and it won't choke you.

Rozgryź dobrze jedzenie, a się nim nie zadławisz.

Mastica bien la comida y no te atragantarás.

275

Aicearra an chait tríd an ngríosach.

The cat's shortcut through the embers.

Kocie skróty wiodą przez rozżarzone węgle.

El gato ataja a través de las ascuas.

276

Ba mhinic deifir mhór chun drochmhargaidh.

There was often a great hurry to a bad bargain / market.

Zła umowa często została zawarta w dużym pośpiechu. (Co nagle, to po diable).

A menudo ha habido gran prisa para llegar a un mal trato.

277

Más cam díreach an ród is é an bóthar mór an t-aicearra.

Whether the road is crooked or straight, the main road is the shortcut.

Czy droga jest prosta, czy kręta, na skróty prowadzi główny szlak.

(Kto drogi prostuje, ten w domu nie nocuje).

Tenga curvas o sea recta la carretera, la carretera principal es el atajo.

DEIS · OPPORTUNITY · SPOSOBNOŚĆ · OPORTUNITAD

278

Bí choíche ag faire is gheobhair uair na faille.

Be always on the watch and you'll get your opportunity.

Zawsze czuwaj, a doczekasz się dogodnej chwili.

Estate siempre alerta y tendrás tu oportunidad.

279

Is beag an splanc a lasann tine mhór.

A small spark has often kindled a great fire.

Mała iskierka wielkie pożogi wznieca.

A menudo una pequeña chispa ha encendido un gran fuego.

280

An té is gaire don tine is é is mó teas.

The one closest to the fire gets most heat.

Kto bliżej ognia, bardziej gore.

El que está más cerca del fuego es el que más calor recibe.

DÍOL AGUS CEANNACH · BUYING AND SELLING · SPRZEDAŻ I KUPNO · COMPRA Y VENTA

281

Ceannaigh daor is díol saor, is beidh botún ort.

Buy dear and sell cheap and you'll make a mistake.

Drogo kup i tanio sprzedaj, a popełnisz błąd.

Compra caro, vende barato y cometerás un error.

282

Is fearr aiféala na díolaíochta ná aiféala na coinneála.

Regret about selling is better than regret about keeping.

Lepiej żałować sprzedaży niż tego, że się coś zatrzymało.

Mejor lamentarse por vender que lamentarse por no vender.

283

Is fearr rud maith daor ná drochrud saor.

A good thing dearly is better than a bad thing cheaply.

Lepsza rzecz droga a dobra niż tania i zła.

Algo bueno y caro es mejor que algo malo y barato.

284

Mura rachadh an t-amadán go dtí an margadh d'fhanfadh na drochearraí gan díol.

If the fool didn't go to the market the bad goods would not be sold.

Gdyby głupi nie chodził na targ, złe towary nie zostałyby sprzedane.

Si el tonto no fuese a la feria nunca se vendería la mercancía de baja calidad.

285

Ní féidir margadh a dhéanamh gan beirt.

A bargain cannot be made without two people.

Do zawarcia umowy trzeba dwóch.

No hay trato sin dos personas.

DÍTH CÉILLE · STUPIDITY · BRAK ROZSĄDKU · ESTUPIDEZ

286

Ní thig leat dhá mháistir a shásamh

You cannot satisfy two masters.

Dwóm panom (bogom) służyć nie można.

No puedes satisfacer a dos amos.

287

Ag feadaíl in aghaidh na gaoithe.

Whistling against the wind.

Gwizdać na wiatr (nosić wodę przetakiem).

Silbando contra el viento.

Ag feadaíl in aghaidh na gaoithe

288

I gan fhios don dlí is fearr a bheith ann.

Unknown to the law is the best way to exist.

Najlepiej się żyje w tajemnicy przed prawem.

La mejor manera de vivir es que la ley no te conozca.

289

Is le fear na bó an lao.

The calf belongs to the owner of the cow.

Cielę należy do właściciela krowy.

La ternera es del dueño de la vaca.

290

Ní théann dlí ar an riachtanas.

Necessity knows no law.

Potrzeba nie podlega żadnemu prawu.

La necesidad no sabe de leyes.

291

An chuid is lú den dlí an chuid is fearr.

The least part of the law is the best part.

Najmniejsza część prawa najlepsza.

La menor parte de la ley es la mejor parte.

292

Dlí cois tine, ní ritheann sé sa gcúirt.

Fireside law doesn't run in court.

Prawo ustalone przy kominku nie obowiązuje w sądzie.

La ley de al lado de la chimenea no es válida en el juzgado.

293

Íoc do chíos is beidh an baile agat féin.

Pay your rent and you will have your home to yourself.

Spłacaj czynsz, a będziesz miał dom dla siebie.

Paga el alquiler y tendrás la casa para ti.

294

Má théann tú chun dlí bíodh bonn i do phóca.

If you go to law, have money in your pocket.

Jeśli idziesz do sądu, miej w kieszeni pieniądze.

Si recurres a la justicia, ten dinero en el bolsillo.

295

Má théann tú chun na cúirte fág d'anam sa mbaile.

If you go to court, leave your soul at home.

Jak pozywasz do sądu, zostaw swoją duszę w domu.

Si vas al juzgado, déjate el alma en casa.

296

Níl dlí in aghaidh an bhuille nach mbuailtear.

There is no law against the blow that is not struck.

Żadne prawo nie karze ciosu, którego nie zadano.

No hay ley contra un golpe que no se haya producido.

297

Bíonn adharca fada ar na ba thar lear.

Far-off cows have long horns. (Distance lends enchantment to the view).

Widziane w oddali krowy mają długie rogi.

(Dystans dodaje uroku).

Las vacas que se ven a lo lejos tienen cuernos largos.

298

Gheobhaidh chuile dhrochmhadra a lá féin.

Every bad dog will have its own day.

Każdy zły pies będzie miał swój dzień (każdy ma szansę się wykazać).

A todo cerdo le llega su San Martín

299

Is fánach an áit a bhfaighfeá gliomach.

It's an odd place that you might catch a lobster.

Homara możesz złowić w przypadkowym miejscu.

Es en un lugar insólito donde pescarás una langosta.

300

Is geall le scéal maith gan drochscéal.

Having no bad news is like good news. (No news is good news).

Brak złych wieści to dobre wieści.

No tener malas noticias es como tener buenas noticias.

DÚCHAS · HERITAGE · DZIEDZICTWO · PATRIMONIO

301

I gcosa con a bhíonn a chuid.

A hound's food is in its legs.

Ogar trzyma swój łup w łapach.

La comida del galgo está en sus patas.

302

Ní choinníonn an soitheach ach a lán.

The vessel holds only its fill.

Naczynie może unieść tylko tyle, ile w sobie zmieści.

El recipiente sólo contiene su capacidad.

303

Ní theitheann cú roimh chnámh.

A dog does not flee from a bone.

Pies nie porzuca kości.

Un perro no huye de un hueso.

304

Is treise dúchas ná oiliúint.

Nature is stronger than nurture.

Natura jest silniejsza niż wychowanie.

La sangre tira.

305

An rud a ghintear sa gcnámh is deacair a bhaint as an bhfeoil.

What is generated in the bone is difficult to remove from the flesh.

Ciężko usunąć z ciała to, co powstaje w kościach.

Lo que se genera en el hueso es difícil de separar de la carne.

306

Briseann an dúchas trí shúile an chait.

Nature breaks through the eyes of a cat.

Oczy kota zdradzają jego naturę.

(Niedaleko pada jabłko od jabłoni).

La naturaleza del gato se abre paso a través de sus ojos.

(La cabra tira al monte).

307

Dá mbeadh síoda ar ghabhar, is gabhar i gcónaí é.

If there were silk on a goat, it would still be a goat.

Koza zawsze będzie kozą, choćby w jedwabiu.

Aunque la mona se vista de seda, mona se queda.

308

Is geal leis an bhfiach dubh a ghearrcach féin.

Its own fledgling is bright to the raven.

Krukowi błyszczy jego własne upierzenie.

(Każda pliszka swój ogonek chwali).

Al cuervo le parece que sus crías brillan.

309

Is le gach bó a lao, is le gach leabhar a mhacasamhail.

Every cow owns its calf, and every book its copy.

Każda krowa ma swego cielaka, każda książka swój egzemplarz.

Cada vaca tiene su ternero y cada libro su copia.

DÚTHRACHT · DILIGENCE · ZAPAŁ · DILIGENCIA

310

An rud is fiú a dhéanamh, is fiú a dhéanamh go maith.

What is worth doing is worth doing well.

To, co warto robić, warto robić dobrze.

Lo que merece la pena, merece la pena hacerlo bien.

311

Is iomaí saighead ar a bhogha aige.

He has many arrows to his bow.

Ma w łuku wiele strzał. (Chować coś w zanadrzu).

Tiene demasiadas flechas en su arco.

Is iomaí saighead ar a bhogha aige

312

Deireadh cumainn comhaireamh.

Reckoning up is friendship's end.

Podliczanie to koniec przyjaźni.

Hacer cálculos es el final de la amistad.

313

Ní thagann ní sa dorn dúnta.

Nothing comes into a closed hand.

Do zamkniętej dłoni nic nie wejdzie.

Nada viene a una mano cerrada.

314

Gineann an t-éad gráin agus an ghráin díoltas.

Envy begets hatred and hatred begets revenge.

Zazdrość zradza nienawiść, a nienawiść zemstę.

La envidia provoca odio y el odio provoca venganza.

315

Ní fhaigheann dorn dúnta ach lámh iata.

A shut fist gets a closed hand.

(Niggardliness begets niggardliness, hostility provokes hostility).

Zamknięta dłoń spotyka się tylko z zaciśniętą pięścią (wrogość rodzi wrogość).

Un puño cerrado obtiene una mano cerrada.

316

As an gcaint a thagas na buillí.

Blows come from talk.

Mowa zadaje ciosy.

(Język za miecz staje).

A raíz del hablar vienen los golpes.

317

Is géar an scáthán súil namhad.

The eye of an enemy is a sharp mirror.

Oko wroga jest wnikliwym zwierciadłem.

El ojo de un enemigo es un espejo nítido.

318

Níl namhaid ar bith is measa do dhuine ná é féin.

Nobody has a worse enemy than himself.

Każdy jest największym wrogiem siebie samego.

Nadie tiene peor enemigo que uno mismo.

EOLAS · KNOWLEDGE · WIEDZA · CONOCIMIENTO

319

As an obair a fhaightear an fhoghlaim.

Learning comes through work.

Wiedza bierze się z pracy.

El saber se obtiene a través del trabajo.

320

Níl eolas gan oideachas.

There is no knowledge without education.

Bez nauki nie ma wiedzy.

No hay saber sin educación.

321

Is maith an báireoir a bhíonn ar an gclaí.

It's a good hurler who is on the fence.

Dobry to gracz, który przesiaduje na płocie (jest obrerwatorem).

Desde la barrera se sortea perfectamente / Los toros se ven mejor desde la barrera.

322

An té a chuireas i bhfolach is dó is fusa é a fháil.

The one who hides something finds it most easily.

Ten, kto coś ukrywa, najłatwiej to znajduje.

El que esconde algo lo encuentra más fácilmente.

323

Cuid mhaith den obair an t-eolas.

A good deal of the work is the know-how.

Sporą częścią pracy jest znajomość rzeczy.

La experiencia es la madre de la ciencia.

324

Is fearr eolas an oilc ná an t-olc gan eolas.

Better the knowledge of evil than the evil without knowledge.

Lepsza świadomość zła niż zło bez świadomości.

Mejor el conocimiento de la maldad que la maldad sin el conocimiento.

FAILLÍ · NEGLIGENCE · ZANIEDBANIE · NEGLIGENCIA

325

An té a bhíos i bhfad amuigh, fuaraíonn a chuid.

He who stays outside for long, his food goes cold.

Temu, kto długo jest na zewnątrz, stygnie jedzenie.

Al que se queda fuera mucho tiempo se le enfría la comida.

326

An t-uisce a sheasann, bréanann sé.

The water that stands still putrefies.

Woda, która stoi w miejscu, zanieczyszcza się.

Agua parada cría ranas.

327

Ba mhinic drochbhróg ar ghréasaí.

A shoemaker often wore a bad shoe.

Szewc bez butów chodzi.

En casa del herrero cuchillo de palo.

FEALL · TREACHERY · OSZUSTWO · TRAICIÓN

328

Ceannaigh an drochdhuine is ní baol duit an duine macánta.

Buy the trickster and you need have no fear of the honest man.

Kup oszusta a nie będziesz się obawiał szczerego człowieka.

Compra al embaucador y no tendrás que temer al hombre honrado.

329

Fear ag croitheadh lámh leat is an scian sa lámh eile.

A man shaking your hand with the knife in his other hand.

Jedną ręką podaje, w drugiej nóż trzyma.

Un hombre que te da la mano y que tiene el cuchillo en la otra mano.

330

Is annamh a bhíonn teanga mhilis gan ga ina bun.

Seldom is there a sweet tongue without a sting at the end.

Rzadko słodki język nie ma żądła na końcu.

Pocas veces hay una lengua dulce sin un aguijón en la punta.

331

Filleann an feall ar an bhfeallaire.

The crime returns on the criminal.

Zbrodnia zwraca się przeciwko zbrodniarzowi.

Quien la hace la paga.

FÉILE · GENEROSITY · HOJNOŚĆ · GENEROSIDAD

332

Nuair is gainne an bia is cóir a roinnt.

When the food is most scarce, it should be shared.

Gdy jedzenia brakuje, powinno się nim dzielić.

Cuando más escasa es la comida, debería compartirse.

333

Tá chuile dhuine lách go gcaitear mála salainn leis.

Everyone is kind until someone throws a bag of salt at him.

Każdy jest miły, póki nie rzucą weń workiem soli.

Todo el mundo es bueno hasta que le tiran una bolsa de sal.

FIACHA · DEBT · DŁUGI · DEUDA

334

Is minic nach é an té a ghlaonn a íocas.

It is often that the one who calls is not the one who pays.

Często płaci nie ten, który zamawia.

A menudo el que pide no es el que paga.

335

Is fearr a ghabháil a luí i do throscadh ná éirí i bhfiacha.

It is better to go to bed fasting than to get up in debt.

Lepiej pójść spać o głodzie niż wstać z długami.

Más vale acostarse sin cena que levantarse con deuda.

Fírinne agus Éitheach · Truth and Falsehood
· Prawda i fałsz · Verdad y Mentira

336

Bíonn an fhírinne féin searbh.

Even truth may be bitter.

Szczera prawda jest gorzka.

(Prawda w oczy kole).

Las verdades duelen.

337

Is minic gur sia a théann an bhréag ná an fhírinne.

Falsehood often goes farther than truth.

Fałszerstwo często sięga dalej niż prawda.

A menudo la mentira llega más lejos que la verdad.

338

Ní chreidtear an fhírinne ó fhear déanta na mbréag.

The truth is not believed from the man who tells lies.

Nie wierzy się prawdzie z ust skończonego kłamcy.

No se cree la verdad que viene de un mentiroso.

339

Tiocfaidh an fhírinne amach ar deireadh.

The truth will come out in the end.

Prawda zawsze na wierzch wypływa.

Finalmente la verdad saldrá a la luz.

340

Níor thacht an fhírinne duine ariamh.

The truth never choked anyone.

Prawdą jeszcze nikt się nie zadławił.

La verdad jamás ha ahogado a nadie.

FOGHLAIM · LEARNING · NAUKA · SABER

341

Doras feasa fiafraí.

Questioning is the door to knowledge.

Ciekawość to wrota mądrości. (Bez ciekawości nie ma mądrości).

La puerta del conocimiento es el preguntar.

342

Gach dalta mar a oiltear.

Every foster-child is as he is brought up.

Każdy wychowanek jest taki, jakim go wychowano.

(Jak się kto wychował, tak się będzie sprawował).

Todo niño adoptivo es tal y como se cría.

343

Fear a bhfuil dhá theanga aige, is fiú beirt é.

A man who has two languages is worth two people.

Kto mówi dwoma językami jest wart tyle, co dwie osoby.

Un hombre que habla dos idiomas vale por dos.

344

Is beag is fiú an ceann gan rud a bheith ann.

The head is not worth much without something in it.

Pusta głowa niewiele warta.

La cabeza no sirve de nada sin algo dentro de ella.

345

Tús feasa fiafraí.

The beginning of knowledge is asking.

Pytanie jest zaczątkiem wiedzy.

El preguntar es el principio del conocimiento.

FOIGHNE · PATIENCE · CIERPLIWOŚĆ · PACIENCIA

346

Ar an rud nach bhféadfar a leigheas is í an fhoighne is fearr.

For what cannot be cured, patience is the best remedy.

Na dolegliwość lekarstwo cierpliwość.

La paciencia es el mejor remedio paralo queno se puede curar.

347

Buann an fhoighne ar an gcinniúint.

Patience conquers destiny.

Cierpliwość pokonuje zły los. (Cierpliwość mury przebija).

La paciencia conquista al destino.

348

Caithfidh an leanbh lámhacán sula siúlfaidh sé.

The child must crawl before it walks.

Dziecko musi raczkować zanim nauczy się chodzić.

El niño tiene que gatear antes de andar.

349

Dá fhad é an bóthar tagann a dheireadh.

However long the road its end comes.

Każda droga ma swój koniec.

Por muy larga que sea la carretera llega su final.

350

Is iomaí lá i mbliain is fiche ach níl aon lá nach dtagann.

There are many days in twenty-one years but there's not a day that doesn't come.

W dwudziestu jeden latach jest wiele dni, a nie ma takiego, który by nie nadszedł.

Hay muchos días en veintiún años pero no hay día que no llegue.

351

Is maith an scéalaí an aimsir.

Time is a good storyteller.

Czas jest doskonałym narratorem.

El tiempo es un buen contador de historias.

GAOL · RELATIONSHIP · RELACJE · PARENTESCO

352

Tástáil do dhuine muinteartha sula dteastóidh sé uait.

Prove your friend before you have need of him.

Pierwej poznaj, później przyjaciela wybieraj.

Pon a prueba a tu amigo antes de que lo necesites.

353

Is fearr beagán den ghaol ná mórán den aitheantas.

Better a little relationship than much acquaintance. (Blood is thicker than water).

Lepsze słabe relacje niż liczne znajomości. (Bliższa ciału koszula niż sukmana).

Mejor pocos parientes que muchos conocidos.

354

Is fearr orlach den ghaol ná míle den chleamhnas.

An inch of blood relationship is better than a mile of relationship by marriage.

Lepszy cal pokrewieństwa niż mila związku małżeńskiego.

Mejor pocos parientes de sangre que miles de parientes políticos.

GEALL · PROMISE · OBIETNICE · PROMESA

355

Geall mórán is beidh go leor do do thóraíocht.

Promise much and many will seek you.

Wielkie obietnice – wielkie oszukanie.

Promete mucho y muchos te buscarán.

356

Nítear gealltanas le briseadh.

A promise is made to be broken.

Obietnicę czyni się po to, by ją złamać.

Una promesa se hace para romperla.

357

An grá nach bhfuil sa láthair fuaraíonn sé.

The love that is not present grows cold. (Out of sight, out of mind).

Nieobecna miłość zamiera.

Larga ausencia causa olvido

358

Dá fhad ó amharc is ea is gaire don chroí.

The farther from view, the closer to the heart. (Absence makes the heart grow fonder).

Im dalej od oczu, tym bliżej serca.

(O nieobecnych myślimy życzliwie).

Cuanto más lejos de la vista, más cerca del corazón.

359

Níl leigheas ar an ngrá ach an pósadh.

There is no cure for love but marriage.

Jedynym lekarstwem na miłość jest małżeństwo.

No hay cura para el amor excepto el matrimonio.

Dá fhad ó amharc is ea is gaire don chroí

360

An té a bhíos ag magadh, bíonn a leath faoi féin.

The one who mocks, half of it is about himself.

Kto żartuje, w połowie robi to z siebie.

El que hace bromas, la mitad es acerca de si mismo.

361

Is minic a bhí an magadh dáiríre.

Mockery was often in earnest.

Żart często bywa poważny.

(Mówi żartem, a myśli serio).

A menudo la broma era seria.

362

Maireann croí éadrom i bhfad.

A light heart lives long.

Lekkie serce długo żyje.

Un corazón alegre vive mucho tiempo.

Iasacht · Lending · Pożyczka · Préstamo

363

An rud nach fiú é a iarraidh, ní fiú é a fháil.

What is not worth asking for is not worth getting.

Nie warto prosić o to, czego nie warto dostać.

No merece conseguirse lo queno merece la pena pedir.

Leisce · Laziness · Lenistwo · Pereza

364

An té nach ndéanann obair sa teas beidh ocras sa sioc air.

The one who doesn't work in the heat will be hungry in the frost.

Kto w upale nie pracuje, ten w zimnie głoduje.

El que no trabaja cuando hace calor tendrá hambre cuando haga frío.

365

An rud is leatsa, is liomsa é, ach an rud is liomsa, is liom féin é.

What is yours is mine but what is mine is my own.

Co twoje, to i moje, a co mojego, to ci nic do tego.

Lo tuyo es mío pero lo mío es sólo mío.

366

Ar mhaithe leis féin a níos an cat crónán.

The cat purrs for its own good.

Kot mruczy dla własnej przyjemności.

(Każdy sobie rzepkę skrobie).

El gato ronronea para beneficio propio.

367

Gach duine ag iarraidh a bheith ag tochras ar a cheirtlín féin.

Everyone wanting to wind on his own ball of string.

Każdy rad na swoje matowidło przędzę zwijać (każdy dba tylko o swoje interesy).

Cada uno arrima el ascua a su sardina.

Locht · Fault · Wada · Culpo

368

Ní bhíonn saoi gan locht, is bíonn dhá locht in aon tsaoi.

A wise man is not faultless, and there are two faults in any wise man.

Dobry człowiek nie jest pozbawiony wad, jeden mędrzec ma dwie wady.

(Koń ma cztery nogi i też się potknie).

Un buen hombre no carece de defectos y cualquier hombre bueno tiene dos defectos.

369

An té atá gan locht caitheadh sé cloch.

Let the one without fault throw a stone. (Let him who is without fault throw the first stone).

Niech ten bez winy rzuci kamieniem.

El que esté libre de pecado que tire la primera piedra.

370

Dearc i do scáthán féin.

Look in your own mirror.

Spójrz w swoje własne lustro.

Mírate en tu propio espejo.

371

Ní ghabhann líonta stróicthe iasc.

Torn nets do not catch fish.

Podarte sieci nie złowią ryb.

Redes rotas no pescan.

MAITH · GOOD · DOBRO · BONDAD

372

Ná cuir an mhaith ar cairde.

Do not postpone a good action.

Nie odkładaj dobrego na później.

No pospongas una buena acción.

373

Ní dhéanann duine rud maith rómhinic.

One doesn't do a good deed too often.

Dobrej rzeczy nie robi się za często.

Las buenas acciones no se hacen a menudo.

374

Taistealaíonn dea-scéal go mall.

Good news travels slowly.

Dobre wieści roznoszą się powoli.

Las buenas noticias viajan despacio.

375

Cuir do leas romhat is béarfaidh tú air.

Put your interest in front of you and you will catch up with it.

Połóż swoją korzyść przed sobą, a ją chwycisz.

Pon tu interés delante de ti y lo encontrarás.

376

Mura mbeadh na scamaill ní bheadh taitneamh sa ngréin.

Only for the clouds, the sun wouldn't shine.

Gdyby nie chmury, słońce by nie świeciło.

Si no fuese por las nubes, el sol no brillaría.

MEAS · RESPECT · SZACUNEK · RESPETO

377

Is uaisle an clú ná an t-ór.

A good name is more precious than gold.

Lepsze dobre imię niźli bogactwa hojne.

Una buena reputación vale más que el oro.

378

Ná bí ag súil le meas mura bhfuil meas agat ort féin.

Don't expect respect if you don't respect yourself.

Nie spodziewaj się szacunku, jeśli nie szanujesz sam siebie.

No esperes respeto si no te respetas a ti mismo.

379

Ní fáidh duine ina dhúiche féin.

A person is not a prophet in his own country.

Nikt nie jest prorokiem w swoim własnym kraju.

Nadie es profeta en su tierra.

380

Is dána gach madra i ndoras a thí féin.

Every dog is valiant at his own door.

Każdy pies jest śmiały w progu swojego domu.

Todo perro es valiente en la puerta de su propia casa.

381

Ní dheachaidh fear meata chun bantiarna.

Faint heart never won fair lady.

Nieśmiały nigdy nie zdobył serca damy.

(Do odważnych świat należy).

Un corazón débil jamás se ganó a una mujer atractiva.

382

Beir crua ar neantóg is ní dhéanfaidh sí tú a dhó.

Grasp a nettle hard and it won't burn you.

Chwyć pokrzywę mocno, a cię nie poparzy.

Agarra con firmeza una ortiga y no te escocerá.

383

Is fearr rith maith ná drochsheasamh.

A good run is better than a bad stand.

Lepiej dobrze biec niż źle stać.

Una retirada a tiempo es una victoria.

384

Mura dtriailfidh tú ní ghnóthóidh tú.

If you don't try, you won't succeed.

Jeśli nie spróbujesz, nic nie osiągniesz.

Si no lo intentas no lo conseguirás.

Mná · Women · Kobiety · Mujera

385

Dearmad bhean an tí a bheathaíos an cat.

It is the housewife's mistake that feeds the cat.

Kota żywi błąd gospodyni.

Es el despiste del ama de casa lo que da de comer al gato.

386

Is folamh fuar é teach gan bean.

A house without a woman is empty and cold.

Dom bez kobiety jest pusty i zimny.

Una casa sin una mujer está vacía y fría.

387

Níl ní níos géire ná teanga mná.

There is nothing sharper than a woman's tongue.

Nie ma nic ostrzejszego, niż język kobiety.

No hay nada más afilado que la lengua de una mujer.

388

Sháraigh na mná Arastotail, is sháraigh Arastotail an diabhal.

The women thwarted Aristotle and Aristotle thwarted the devil.

Kobiety przemieszały szyki Arystotelesowi, a Arystoteles diabłu.

Las mujeres frustraron a Aristóteles y Aristóteles frustró al diablo.

389

Caill uair ar maidin, is beidh tú á tóraíocht ar feadh an lae.

Lose an hour in the morning and you will look for it all day.

Strać rano godzinę, a będziesz jej szukał cały dzień.

Pierde una hora por la mañana y estarás buscándola todo el día.

390

Cuir gach rud ar an méar fhada, is beidh an mhéar fhada róghairid ar ball.

Put everything on the long finger and the long finger will eventually be too short.

Połóż wszystko na długi palec, a wkrótce stanie się on za krótki.

No dejes para mañana lo que puedas hacer hoy.

391

Ní fhanann am ná taoille le haon neach.

Time nor tide wait for no-one.

Czas i przypływ na nikogo nie czekają.

Ni el tiempo ni la marea esperan por nadie.

Moladh agus Cáineadh · Praise and Censure · Pochwała i skarcenie · Alabanza y Crítica

392

Molfaidh an gníomh é féin.

The deed will praise itself.

Czyn sam się chwali.

Lo bien hecho, bien parece

393

An iomarca cócairí a mhilleann an brachán.

Too many cooks spoil the porridge. (Too many cooks spoil the broth).

Zbyt wielu kucharzy psuje owsiankę.

(Gdzie kucharek sześć, tam nie ma co jeść).

Donde muchos mandan, ninguno obedece y todo perece.

394

Iomarca d'aon ní, is ionann is a bheith gan aon ní.

Too much of anything is like having nothing.

Zbyt wiele byle czego to jak nie mieć niczego.

Demasiado de cualquier cosa es como no tener nada.

395

An sionnach i mbun na n-uan.

The fox in charge of the lambs.

Wilk w owczej skórze.

El zorro al cuidado de las ovejas.

396

Ná déan do mhargadh choíche gan fianaise.

Don't ever make a bargain without a witness.

Nigdy nie zawieraj umowy bez świadka.

Jamás cierres un trato sin un testigo.

NÁIRE · SHAME · WSTYD · VERGÜENZA

397

Ní gnáth fear náireach éadálach.

A shamefaced man seldom acquires wealth.

Wstydliwy rzadko osiąga dobrobyt.

Raramente un hombre vergonzoso adquiere riquezas.

An sionnach i mbun na n-uan

398

Ní náire a bheith lag ach is deargnáire a bheith bog.

It is no shame to be weak but it is a disgrace to be soft.

Nie trzeba się wstydzić słabości, lecz uległości.

No es vergüenza ser tímido, pero es una deshonra ser blando.

399

Is olc an t-éan a shalaíonn a nead féin.

It is a bad bird that soils its own nest.

Zły to ptak, co własne gniazdo kala.

Es mal pájaro el que mancha su propio nido.

NEAMHSPLEÁCHAS · INDEPENDENCE
· NIEZALEŻNOŚĆ · INDEPENDENCIA

400

Níl aon tinteán mar do thinteán féin.

There is no hearth like your own hearth.

Nie ma lepszego miejsca przy kominku niż własne. (Każdemu własny kąt najbliższy).

No hay hogar como tu propia casa.

401

Déanann teorainn mhaith comharsana cairdiúla.

A good boundary makes friendly neighbours.

Dobra granica czyni przyjaznych sąsiadów.

(Między sąsiady najpierwszą okazją granice do zwady).

Unos buenos límites hacen que los vecinos sean amigos.

402

Is cuma le fear na bróige cá leagfaidh sé a chos.

The man who has shoes doesn't worry where he will place his feet.

Ten, kto ma buty, nie martwi się, gdzie stanie nogą.

Le da igual al hombre con zapatos donde pone los pies.

403

Tig le cat a leicne a lí, is tá cead aige féachaint ar an rí.

A cat can lick its cheeks and may look at the king.

Kot może polizać policzki i popatrzeć na króla.

Un gato puede lamerse la cara y mirar al rey.

Is cuma le fear na bróige cá leagfaidh sé a chos

404

Is trom cearc i bhfad.

A hen carried far is heavy.

Kura długo niesiona ciąży.

Si llevas una gallina en brazos durante mucho tiempo, acaba pesando.

405

An té nach bhfuil láidir, ní foláir dó a bheith glic.

The one who is not strong needs to be clever.

Ten, kto jest silny, nie musi być sprytny.

El que no es fuerte debe ser inteligente.

406

Ní neart go hiontaoibh is níl iontaoibh go cur le chéile.

There is no strength without trust and there is no trust without working together.

Nie ma siły bez zaufania i zaufania bez wzajemnego poparcia.

No hay fuerza sin confianza y no hay confianza si no se trabaja unidos.

Is trom cearc i bhfad

OCRAS · HUNGER · GŁÓD · HAMBRE

407

Is maith an mustard an sliabh.

The mountain is a good mustard.

Góra to dobra gorczyca (przyprawa).

El monte da hambre.

408

Is maith an t-anlann an t-ocras.

Hunger is a good sauce.

Głód najlepszy kucharz.

El hambre es una buena salsa.

409

Cnoc nó trá le haghaidh ocrais.

A hill or a beach for hunger.

Na głód – wzgórze bądź plaża.

Un monte o una playa para abrir el apetito. / A quien largo camina, le entra hambre canina.

410

Bíonn fear ocrach feargach.

A hungry man is an angry one.

Głodny człowiek – zły człowiek.

Un hombre hambriento es un hombre airado.

ÓIGE · YOUTH · MŁODOŚĆ · JUVENTUD

411

Bíonn eagla ar an leanbh a dhóitear.

A burnt child dreads the fire.

Oparzone dziecko boi się ognia. (Kto się na gorącym sparzy, ten na zimne dmucha).

Un niño quemado teme al fuego.

412

Mian óige imirce.

Youth likes to flit away.

Młodość lubi się wymykać (młodość jest ulotna).

Al joven le gustan los cambios.

413

Is deacair ceann críonna a chur ar cholainn óg.

It is hard to put a wise head on a young body.

Ciężko młodemu ciału przypisać mądrą głowę.

(Każdy młody głupi).

Es difícil poner una cabeza sabia en un cuerpo joven.

414

Mol an óige is tiocfaidh sí.

Praise youth and it will succeed.

Chwal młodość, a odniesiesz sukces.

Alaba a la juventud y tendrá éxito.

415

Tá cluasa fada ag muca beaga.

Little pigs have long ears.

Małe dzbanki mają duże uszy. (Ostrożnie, bo dzieci słyszą).

Los cerditos tienen orejas largas.

ÓL · DRINK · PIJAŃSTWO · BEBIDA

416

Deir siad go gcanann meisce nó fearg fíor.

Drunkenness and anger, it is said, speak truly.

Powiada się, że pijaństwo i wino mówią prawdę.

(Ile wina w głowie, tyle prawdy w słowie).

In vino veritas/Los niños y los locos dicen la verdad.

417

Is túisce deoch ná scéal.

A drink comes before a story.

Pierwej picie, potem historia.

Llega antes la bebida que la historia.

418

Dá fheabhas teach an tábhairne níl fáilte gan díol ann.

However good the tavern, there is no welcome without paying for it.

Jak dobra by nie była karczma, kto nie zapłaci, nie jest mile widziany.

Por muy buena que sea la taberna, no hay bienvenida sin pago.

419

Galar gan náire an tart.

Thirst is a shameless disease.

Pragnienie to bezwstydna choroba.

La bebida es un mal que no tiene vergüenza.

420

Is milis dá ól é ach is searbh dá íoc é.

It is sweet to drink it but bitter to pay for it.

Przyjemnie jest pić, lecz gorzko za to płacić.

Es dulce beber pero amargo pagar por ello.

421

Sceitheann fíon fírinne.

Wine divulges the truth.

(In vino veritas).

Wino wyzwala prawdę.

(W winie prawda).

El vino divulga la verdad.

Is milis dá ól é ach is searbh dá íoc é

Olc · Evil · Zło · Mal

422

As na sneá a thagas na míola.

From the nits come the lice.

Gnida przeradza się w wesz. (Z małego zła rodzi się większe).

De las liendres vienen los piojos.

423

Tagann olc mór as olc beag.

A great evil comes from a small evil.

Z małego zła wynika wielkie zło (złe jest matką złego).

Un gran mal viene de un mal menor.

424

Más fada a bheas tú amuigh ná bíodh an drochscéal abhaile leat.

If you stay out for a long time, don't bring home bad news.

Nie przynoś do domu złych wieści, jeśli długo jesteś poza nim.

Si sales por largo tiempo, no traigas malas noticias a casa.

425

Is doiligh gearradh domhain a chneasú.

It is difficult to heal a deep cut.

Ciężko wyleczyć głęboką ranę.

(Skryta rana nieuleczona).

Es difícil curar un corte profundo.

426

Is namhaid don tsuaimhneas an imní.

Worry is the enemy of tranquillity.

Zmartwienie jest wrogiem spokoju.

La preocupación es enemiga de la tranquilidad.

427

Is éasca duine a ghortú ná a leigheas.

It is easier to hurt someone than to cure him.

Łatwiej ranę zadać, niźli ją leczyć.

Es más fácil herir a alguien que curarle.

428

Cuileog an chairn aoiligh is mó a níos torann.

The fly on the dung-heap makes most noise.

Mucha w kupie gnoju brzęczy najbardziej.

(Brzęczy mucha, kiedy w miodzie tonie).

La mosca en la bosta es la que hace más ruido.

429

Is fearr eiteach ná geallúint gan comhlíonadh.

A refusal is better than a broken promise.

Lepsza odmowa niż złamana tajemnica.

Es mejor una negativa que una promesa rota.

430

Má bhíonn tú ar sochraid ná bí ar tús ná ar deireadh.

If you are at a funeral, don't be at the front or at the back.

Jak jesteś na pogrzebie, nie bądź na przedzie, ani w tyle.

Si asistes a un funeral, no estés ni delante ni atrás.

431

Ní híseal ná uasal ach thíos seal is thuas seal.

It's not humble or noble but down a while and up a while.

Niski stan czy wysoki, raz na dole, raz na górze. (Raz na wozie, raz pod wozem).

Ni humilde ni noble, sino a veces arriba y a veces abajo.

Pósadh · Marriage · Małżeństwo · Matrimonio

432

Ní céasadh go pósadh, is ní féasta go róstadh.

There is no scourge like marriage and no feast like a roast.

Małżeństwo to prawdziwy dopust boży, pieczeń to prawdziwa uczta.

No hay azote como el matrimonio ni festín como un asado.

433

Fear nó bean gan céile, ní bhíonn duine acu lena éagnach.

A man or a woman without a spouse, they have no-one to grumble about.

Mężczyzna, kobieta bez małżonka nie ma na kogo zżędzić.

Hombre sin esposa o mujer sin marido no tienen a nadie de quien quejarse.

434

Luaitear na céadta le chéile nach bpósfaidh go brách.

Hundreds are mentioned together who will never marry.

Setki tych, co nigdy nie zawrą małżeństwa, wymienia się razem.

Se menciona a cientos de personas que están juntos que jamás se casarán.

435

Pós go sciobtha is déan aithrí ar suaimhneas.

Marry in haste and repent at leisure.

Ożenienie za wczesne często bywa bolesne.

Cásate rápido y arrepiéntete con calma.

SAIBHREAS · WEALTH · BOGACTWO · RIQUEZA

436

Ní bhíonn an tubaiste ach mar a mbíonn an spré.

Misfortune comes only where wealth is.

Nieszczęście pojawia się tylko tam, gdzie panuje dobrobyt.

La desgracia sólo está donde está la riqueza.

Pós go sciobtha is déan aithrí ar suaimhneas

437

An bealach cam chuig an gcaisleán.

The crooked road to the castle.

Kręta droga do zamku.

La carretera sinuosa al castillo.

438

Bíonn beirt ag séanadh an airgid, an té a mbíonn sé aige is an té nach mbíonn.

Two people deny they have money, the one who has it and the one who does not.

Dwóch ludzi odmawia pieniędzy – ten, który je ma i ten, który ich nie ma.

Dos personas niegan tener dinero, el que lo tiene y el que no.

439

Níonn sparán trom croí éadrom.

A heavy purse makes a light heart.

Ciężka sakwa czyni lekkie serce.

Un monedero pesado alegra el corazón.

440

Ní léir don fhear saibhir an fear bocht.

The rich man doesn't see the poor man.

Bogaty nie zauważa biednego. (Bogacz rzadko na nędzę czuły).

El hombre rico no ve al hombre pobre.

SAINT · GREED · CHCIWOŚĆ · AVARICIA

441

Ná téadh do shúil thar do chuid.

Don't put your eye on what is not your own.

Nie sięgaj wzrokiem poza to, co twoje (nie pożądaj tego, co do ciebie nie należy).

No desees lo que no es tuyo.

442

Dá mhéid dá bhfuil ag duine, is amhlaidh is mó atá uaidh.

The more a person has, the more he wants.

Im więcej ktoś ma, tym więcej chce.

Cuanto más tiene una persona, más quiere.

SAOL · LIFE · ŻYCIE · VIDA

443

Tá an oíche is an lá chomh fada is a bhí riamh.

Night and day are as long as they ever were.

Noc i dzień są tak długie, jak były zawsze.

El día y la noche son tan largos como lo han sido siempre.

444

Is beag an rud is buaine ná an duine.

How small a thing outlives a man.

Niewiele jest rzeczy bardziej trwałych niż człowiek.

Pocas cosas hay más permanentes que el hombre.

445

Níl coill dá úire nach dual di go dtitfidh a blátha.

There is no wood, however fresh, whose flowers are not fated to fall.

Nie ma drzewa, nawet młodego, którego kwiatów nie czeka opadnięcie.

No hay madera, por muy fresca que sea, cuyas flores no estén destinadas a caer.

446

Cá bhfuil an sneachta mór a bhí anuraidh ann?

Where is the big snow that fell last year?

(Where are the snows of yesteryear?)

Gdzie się podział wielki śnieg, co spadł w ubiegłym roku?

¿Dónde está la gran nevada del año pasado?

447

Cá dtéann an taoille nuair a thigeas an trá? Mar a dtéann an oíche nuair a thigeas an lá.

Where does the tide go when it ebbs? Where the night goes when day comes.

Gdzie podąża fala, gdy jest odpływ? To jak z odejściem nocy, gdy nadchodzi dzień.

¿A dónde va la marea alta cuando baja? Adonde va la noche cuando llega el día.

448

Coigil an saol is imeoidh sé, caith an saol is imeoidh sé.

Save life and it will go, spend life and it will go.

Zachowuj życie, a minie, trwoń życie, a minie.

Ahorra la vida y se irá, vive la vida y se irá.

449

Saol fata i mbéal muice.

The life of a potato in a pig's mouth.

Życie ziemniaka leży w pysku świni.

La vida de una patata en la boca del cerdo.

450

Is iomaí cor sa saol.

There are many twists in life.

Życie jest pełne zwrotów.

La vida da muchas vueltas

451

Is liom an t-am ach is orm atá é a chaitheamh.

Time is mine, but I, myself must pass it.

Do mnie należy czas, lecz muszę go spędzić.

(Żaden czas nie jest twój, tylko ten, co minie).

El tiempo es mío, pero yo tengo que vivirlo.

SAOTHRÚ · WORKING · PRACA / WYSIŁEK · TRABAJO

452

Is leor ó dhuine a dhícheall

It is sufficient to do one's best.

Wystarczy najlepszy wysiłek.

Es suficiente que uno lo haga lo mejor que pueda.

453

An té nach gcuirfidh san earrach, ní bhainfidh sé sa bhfómhar.

The one who does not sow in Spring will not reap in Autumn.

Kto nie zasieje wiosną, nie zbierze jesienią.

El que no siembra en la primavera no recogerá la cosecha en el otoño.

454

Imíonn an tuirse nuair a fheictear an tairbhe.

Tiredness goes away when the benefit is seen.

Gdy pojawia się zysk, zmęczenie znika.

El cansancio desaparece cuando se ve el beneficio.

455

Is maith leis an gcat iasc ach ní maith leis a chrúba a fhliuchadh.

The cat likes fish but it doesn't like to get its claws wet.

Jadłby kot ryby, ale nie chce ogona maczać.

Al gato le gusta el pescado, pero no le gusta mojarse las garras.

SÁSTACHT · SATISFACTION · ZADOWOLENIE · SATISFACCIÓN

456

An té ar fada leis an lá is fada leis a shaol.

The one who finds the day long will find life long.

Komu dzień jest długi, ten długo żyje.

Al que el día le parece largo la vida le parecerá larga.

457

Is geall le fleá bia go leor.

Enough food is like a feast. (Enough is as good as a feast).

Dosyć stoi za ucztę. (Lepiej dosyć niż za dużo).

Suficiente comida es como un festín.

Is maith leis an gcat iasc ach ní maith leis a chrúba a fhliuchadh

SLACHT · GOOD APPEARANCE
· ZWIEŃCZENIE · BUENA APARENCIA

458

Molann an obair an saor.

The work praises the maker.

Dzieło zachwala mistrza.

(Z dzieła poznaje się mistrza).

El trabajo alaba al autor.

SLÁINTE · HEALTH · ZDROWIE · SALUD

459

Tabhair aire don tsláinte nó bí á huireasa.

Look after your health or be without it.

Dbaj o zdrowie, inaczej ci go zabraknie.

Cuida tu salud o carece de ella.

460

Cos san uaigh is cos eile ar an mbruach.

One foot in the grave and the other on the brink.

Jedną nogą w grobie, drugą na jego krawędzi.

Un pie en la tumba y otro al borde del abismo.

461

Gáire maith is codladh fada, an dá leigheas is fearr i leabhar an dochtúra.

A good laugh and a long sleep, the two best cures in the doctor's book.

Serdeczny śmiech i długi sen w poradniku lekarza są najlepszym lekarstwem.

Una buena risa y un sueño largo, las dos mejores curas en el libro del médico.

462

Is fearr a bheith ag lorg bídh ná ag lorg goile.

It's better to seek food than to seek an appetite.

Lepiej szukać jedzenia niż apetytu.

Es mejor buscar comida que buscar apetito.

Smacht · Discipline · Kontrola · Disciplina

463

Ní bhíonn an rath ach mar a mbíonn an smacht.

There is no luck where there is no authority.

Gdzie nie ma nadzoru, nie ma prosperity.

No hay suerte donde no hay autoridad.

464

Nuair a bhíos an cat amuigh bíonn an luch ag rince.

When the cat is away, the mouse dances. (While the cat's away, the mice are at play).

Myszy tańcują, gdy kota w domu nie czują.

Cuando el gato no está bailan los ratones.

Só · Comfort · Komfort · Confort

465

Níl mórán só i dtiontú léine salaí.

There is not much comfort in turning a dirty shirt inside out.

Odwrócenie koszuli na lewą stronę nie daje wiele komfortu.

No es muy cómodo darle la vuelta a una camisa sucia.

466

Teallach fuar sa samhradh, teallach te sa ngeimhreadh.

A cold hearth in summer, a warm hearth in winter.

Zimny kominek latem, gorący zimą.

Un hogar frío en verano, un hogar caliente en invierno.

STUAIM · PRUDENCE · OPANOWANIE · PRUDENCIA

467

Ag iarraidh dhá éan a mharú le haon urchar amháin.

Trying to kill two birds with a single shot.

(Killing two birds with one stone).

Próbować zabić dwa ptaki jednym strzałem.

(upiec dwie pieczenie na jednym ogniu).

Matar dos pájaros de un tiro.

Tíos · Thrift · Gospodarowanie · Ahorro

468

An áit nach bhfuil a bheag ann ní bhíonn a mhór ann.

Where there is not a little to be had, there is not much to be had.

Gdzie nie znajdzie się mało, tam nie znajdzie się dużo.

Donde hay poco no hay mucho.

469

Cuir an taobh thiar aniar is bainfidh tú bliain eile as.

Turn it back to front and it will last you another year.

Obróć przodem do tyłu, a przetrwa kolejny rok.

Dale la vuelta y te durará otro año.

470

Tabhair aire do na pingneachaí is tabharfaidh na puint aire dóibh féin.

Take care of the pennies and the pounds will take care of themselves.

Zadbaj o pensy, a funty same o siebie zadbają.

(Do grosza grosz, a napełni się trzos).

Cuida de los peniques y las libras cuidarán de sí mismas.

471

Gad ar bhéal an mhála is a thóin ar oscailt.

A tie on the mouth of the bag and its bottom open.

Wiązadło na otworze torby, a jej dno otwarte.

Una cuerda en la abertura de la bolsa y el fondo se abre.

TOIL · WILL · WOLA · VOLUNTAD

472

Is furasta le neamhfhonn leithscéal a fháil.

Halfheartedness will easily find an excuse.

Brak przekonania łatwo znajduje wymówkę.

La falta de entusiasmo fácilmente encontrará una excusa.

473

Is láidir an capall é an fonn.

Desire is a strong horse.

Pożądanie jest silnym wierzchowcem.

El deseo es un caballo poderoso.

474

An té a bhfuil builín aige gheobhaidh sé scian a ghearrfaidh é.

The person who has a loaf will find a knife that will cut it.

Kto ma chleb, znajdzie i nóż do niego.

La persona que tiene una barra de pan encontrará un cuchillo para cortarla.

TOSACH · BEGINNING · POCZĄTEK · COMIENZA

475

Tús maith leath na hoibre.

A good start is half the work.

Dobry początek połowa roboty.

Un buen comienzo es la mitad del trabajo.

476

Is fearr gan tosú ná scor gan críoch.

Better not to begin than to stop without finishing.

Lepiej nie zaczynać niż odejść, nie skończywszy.

Mejor no empezar que parar sin acabar.

Is fearr gan tosú ná scor gan críoch

477

I dtosach na haicíde is fusa a leigheas.

The beginning of disease is when it is easiest to cure.

Leczyć najłatwiej na początku choroby.

Al principio de la enfermedad la cura es más fácil.

TOST · SILENCE · CISZA · SILENCIA

478

An té is ciúine is é is buaine.

The one who is quietest is the one who will last longest.

Ten, kto jest najbardziej cichy, jest najbardziej nieugięty.

El más silencioso es el que durará más tiempo.

479

Seachain an duine nach labhraíonn puinn.

Avoid the person who doesn't speak much.

Unikaj osoby, która jest małomówna.

Evita a la persona que no habla demasiado.

480

Is binn béal ina thost.

A silent mouth is sweet.

Słodkie są milczące usta. (Milczenie jest złotem).

El habla es plata, el silencio es oro.

481

Ritheann uisce domhain ciúin.

Deep water runs quietly. (Still waters run deep)

Głęboka woda cicho płynie.

El agua profunda corre silenciosa.

TRÁTHÚLACHT · TIMELINESS
· STOSOWNA PORA · OPORTUNIDAD

482

Beir ar an liathróid ar an gcéad phreab.

Catch the ball on the first bounce.

Chwyć piłkę przy pierwszym odbiciu.

Coge la pelota al primer bote.

483

Is fearr cara sa gcúirt ná triúr sa gclúid.

Better one friend in court than three at the fireside.

Lepszy przyjaciel w sądzie niż trzech przy kominku.

Mejor un amigo en el juzgado que dos al lado del fuego.

484

Más maith is mithid.

Although it is good, it is overdue.

Dobre było, ale się skończyło.

Aunque sea bueno... ¿llega tarde?

TRÉ · TRIAD · TRIADY · TRIADA

485

Trí ní nach féidir a fhoghlaim – guth, féile agus filíocht.

Three things that cannot be acquired – a voice, generosity, poetry.

Trzech rzeczy nie można się nauczyć – głosu, powagi i poezji.

Tres cosas que no se pueden comprar - una voz, generosidad, poesía.

486

Faobhar, gaoth agus grá – tri ní nach bhfeictear go bráth.

Three things that are never seen – a blade's edge, wind and love.

Trzech rzeczy nigdy nie można zobaczyć – krawędzi ostrza, wiatru i miłości.

Tres cosas que nunca se ven – el filo de una hoja, el viento y el amor.

487

Na trí rud is deacra a thuiscint sa domhan – intleacht na mban, obair na mbeach,
teacht agus imeacht na taoide.

The three most incomprehensible things in the world – the mind of woman,
the labour of the bees, the ebb and flow of the tide.

Trzech rzeczy nie można zgłębić – umysłu kobiet,
pracy pszczoły oraz przypływu i odpływu fali.

Las tres cosas más incomprensibles del mundo – la mente de una mujer,
la labor de las abejas y la subida y bajada de la marea.

488

Na trí rith is mó – rith uisce, rith tine nó rith éithigh.

The three greatest rushes – the rush of water, the rush of fire, the rush of falsehood.

Trzy największe pędy – bieg wody, fala ognia i rozprzestrzenianie się fałszerstwa.

Las tres mayores fuerzas – la del agua, la del fuego y la de la mentira.

489

Na trí bhall de dhuine is fusa a ghortú – a ghlúin, a uillinn agus a shúil.

The three parts of the body that are most easily hurt – the knee, the elbow and the eye.

Trzy części ciała człowieka najłatwiej zranić – kolano, łokieć i oko.

Las tres partes del cuerpo que más fácilmente se pueden herir – la rodilla, el codo y el ojo.

490

Trí ní nach iontaobh – lá breá sa gheimhreadh,
saol duine críonna nó focal duine mhóir gan scríbhinn.

Three thing that are not to be trusted – a fine day in winter,
the life of an aged person and the word of a man of importance unless it is in writing.

Trzem rzeczom nie można ufać – pięknemu dniu zimą, życiu człowieka
w podeszłym wieku i słowu bogacza, nie popartemu pismem.

Tres cosas en las que no se debe confiar – un día bueno en el invierno, la vida de una
persona de edad y la palabra de una persona importante a menos que sea por escrito.

491

Trí ní a bhaineann le hól – é a ól, é a iompar agus díol as.

Three things in connection with drink – to consume it, to carry it and to pay for it.

Trzy rzeczy są związane z alkoholem – wypicie go, zniesienie jego działania i zapłacenie za niego.

Tres cosas que tienen que ver con la bebida – beberla, llevarla y pagar por ella.

Na trí bhall de dhuine is fusa a ghortú - a ghlúin, a uillinn agus a shúil

<u>492</u>

Trí chomhartha an duine shona - fál, faire agus mochéirí.

Three signs of a fortunate man – having a fence, keeping watch and early rising.

Są trzy oznaki szczęśliwego człowieka – postawiony płot, czuwanie i wczesne wstawanie.

Las tres señales de un hombre satisfecho – tener una valla, mantener vigilancia y levantarse pronto.

TROID · FIGHTING · WALKA · LUCHA

<u>493</u>

Bí bagarthach ach ná bí buailteach.

Be threatening but don't be given to striking.

Bądź groźny, lecz nie zachowuj się jak zwycięzca.

Sé amenazante pero no pegues.

<u>494</u>

Is fearr an troid ná an t-uaigneas.

Fighting is better than loneliness.

Lepsza walka niż samotność.

El pelearse es mejor.

495

Is furasta an t-achrann a thosú ach is deacair é a stopadh.

It is easy to start a row but it is difficult to put a stop to it.

Kłótnię łatwo jest wszcząć, ale ciężko zakończyć.

Es fácil empezar una pelea pero difícil pararla.

UIREASA · LACK · UBYTEK · CARENCIA

496

Nuair a chruann an tslat is deacair í a lúbadh.

When the twig grows hard it is difficult to bend it.

Gdy gałązka stwardnieje, trudno ją zgiąć.

Cuando la rama crece es difícil doblarla.

497

An t-uisce gan doimhneacht, bíonn sé torannach.

Water without depth is noisy.

Płytka woda jest hałaśliwa.

El agua poco profunda es ruidosa.

498

Sop in áit na scuaibe.

A straw instead of a brush.

Źdźbło słomy zamiast miotły (marna prowizorka).

Una paja en vez de una escoba.

499

Uireasa a mhéadaíonn cumha.

Absence increases longing.

Nieobecność wzmaga tęsknotę.

La ausencia aumenta la soledad.

500

Soithí folmha is mó a níonn torann.

Empty vessels make most noise. (Empty vessels make most sound).

Puste naczynia robią największy hałas.

(Próżna beczka brzmi głośno; dlatego dzwon głośny, że w środku próżny).

Los que menos saben son los que más hablan.